圖說中國的文明 ｜ 上

文明的奠基
原始時代至春秋戰國

劉　煒　張倩儀　●——編著
李學勤　葛兆光　●——顧問

商務印書館

目錄

本書使用說明

版面體例及表達形式　　　**內容主題**

示意圖
將抽象的概念以圖像方式表達，簡明而具體

四方民族邁向融合

北狄
西戎　華夏　東夷
南蠻

▲ 華夷五方的概念

周王室衰衰微後，諸侯大國不斷擴展，勢力伸展到周邊民族地區，許多少數民族相繼被強國吞併，僅南方的楚國就兼併周邊五十多個小國。馳騁的騎兵使各國統治者的眼界更加開闊，更大領土的多民族統一國家的構想萌生出來，並逐步實現。

春秋時期，位於中原的各國自稱"諸夏"，居於四周的大量少數民族部落，按照地域稱為"東夷、南蠻、西戎、北狄"四大部族。由於華夏族傲視周邊民族，顯示居中的地位，自稱"中國"；少數民族居於四方，統稱為"四夷"，形成"華夷五方"格局。這些少數民族有自己獨特的語言、文化、生活習俗和生產方式，文明程度明顯落後於中原，頻繁的戰爭帶給他們苦難，也促進了各民族之間的雜居、通婚、會盟與商業貿易。

四夷的政治、經濟和文化在戰火中不斷融合和發展。北方的北狄，東南的于越等民族，學會製造鐵器，並建立了強大的國家；西南的巴、蜀等民族進入了青銅文明。到戰國時期，一部分四夷與華夏已經融為一體，生活習俗、語言文字、倫理更加豐富並趨於一致，形成了人數眾多、地域遼闊的華夏族，這在中國歷史上是劃時代的大事。

這個時期整個歐亞大陸都處於大國兼併各民族的活躍期，羅馬帝國、貴霜帝國和秦漢帝國都孕育在新技術、新政體之中，終於在公元1世紀前夜爆發出來，世界進入了一個新時代。

局部圖
將值得注意的圖像局部放大展示

勇武的秦人從西方

在七雄爭霸的戰場上，東自商鞅的民族——秦人異軍突起。
尚勇武精神和戰無不勝的
數百年的鏖戰，終於秦併吞
成了統一天下的輝煌戰績。

商周之際，秦人應是騙養
小民族，受到西北地理環境
知法羅蓋蓄勢力，生逢其遇
東方國都，是最晚被東周平王分
佃國，但是秦人不甘心退居在西
牧馬人，讓了孫繼代到文明發達
的黃河之濱飲馬，成為世代秦
王的夢想。秦國先後有三十
三世秦王，他們傾心勃勃，
南下後還，逐步向東方作戰略性大舉遷徙，決心恢復周
王朝霸業——八百里秦川，為了實現稱霸東方的信念，
秦人驍勇善戰，照攏九次有重大戰略意義的華國遷
都，從西攻擾到西域王室的故地，最終定都在最適宜稱霸
爭戰的理想據點——咸陽。在與農業發達的東方六國抗衡

地圖附中國全圖，標示有關地區在全中國的實際位置

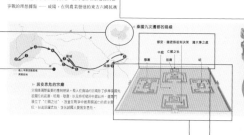

秦國九次遷都的路線

地圖
扼要交代地理觀念

▶ 居安思危的宗廟

復原圖
根據歷史資料，利用繪畫或電腦製作的復原圖，重現歷史場景

▶ 楚國的神人
神人體征獰獰，兩手執龍和兩頭蛇，足踏日月，胯下有一條蛇，與青銅怪獸一樣，體現著怪人充滿幻想的創造力。

◀ 鑄有神人的銅戈

◀ 兇猛雄威的鋪首

▶ 犀牛尊局部

圖標
指出圖像的細節

族概念的成型

...明之後，聚居於中原地區的民族經歷商朝，以及春秋戰國的民族大遷徙與大融...成一個穩定的民族概念 —— "華夏"，...華夏。在夏商與周邊地區的交往中，更...於中原華夏族的本體民族意識。由於文明...明顯高於周遭地區，因此敝視周邊的民...視為夷，產生了華夷有別的觀念。

▼ **東夷族的青銅酒壺**
東夷族生活在濱臨大海、瀰漫着神仙方術的山東半島，信仰自然界的諸神，又以鳥為他們的圖騰和始祖神。這個青銅酒壺，以飛鳥作裝飾，體現東夷人對鳥的崇拜。

◀ **楚國的青銅怪獸**
分佈在長江流域的楚人，吞併了周邊數十個小國，融合中原諸夏文明，成為歷史後期唯一與秦國相抗衡的強國。楚人久居南方荒蠻地帶，精神世界帶有更多的原始成分，藝術作品也更有怪誕神秘色彩。這件青銅怪獸造型奇特，呈現人超越現實的藝術典範。

▲ **北狄的鳥啄形金飾**
春秋戰國時代的狄族，曾與中原各國不斷發生爭霸地域的戰爭。同時也有密切的政治、經濟、文化交流。這件鳥啄形金飾，顯示出北方民族粗獷而自然的藝術風格。

▲ **西南滇族的樂器**
春秋戰國在西南地區有數十個語言，風俗不同的部落，生活在滇池的滇族，農耕文明程度最高，勢力最強大。與中原的經濟、文化交流也最密切。牛是滇人以耕作的家畜，是家庭財富的象徵，在祭祀禮器和日常用品中有很多牛的形象，這個滇人的葫蘆形樂器，上面也有立體的牛。

▶ **南方吳越人的形象**
位於長江中下游、東南沿海、嶺南地區以及雲貴高原的眾多部族統稱為"百越"。春秋戰國時代，南方的強國吳國和越國都屬於百越。遠人的、全身滿佈紋身，是吳越民族的習俗。

原始時代 （公元前 800 萬年～前 2070 年）

公元前 800 萬年～前 700 萬年
雲南祿豐古猿生活在密林邊緣，體型屬於"正在形成中的人"，是人類的直系祖先。

公元前 300 萬年
非洲東部及南部出現開始直立走路的南方猿人

公元前 200 萬年～前 160 萬年
在華北、華南和長江流域發現這時期的古猿人化石和製作粗糙的石器

公元前 22000 年～前 12000 年
北京周口店出現"山頂洞人"，腦容量接近現代人。喪葬、審美觀念、原始信仰已經形成。

公元前 52000 年～前 32000 年
加工精巧的細石器在各地出現。已發明弓箭和投矛器。

公元前 12000 年～前 6000 年
新石器時代早期，氣候轉暖，人類由山洞移居到台地和平原。中國華北、長江中游和華南等地的人開始定居，並着手耕種、飼養家畜和製造陶器。

公元前 6000 年～前 5000 年
新石器時代中期，農業從刀耕火種過渡到鋤耕階段，黃河、長江流域形成兩大農業區。

公元前 6000 年～前 4000 年
母系氏族的繁榮階段，他們以血緣關係結成氏族，並聚居在一起，專業巫師出現。

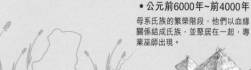

公元前 3500 年
中國有銅器出現，進入銅石並用的時期。

公元前 4000 年～前 3000 年
東北及長江太湖地區出現祭壇和貴族墓地，標誌集神權與軍權的部落聯盟首領出現。

公元前 4000 年
尼羅河流域文明開始

公元前 3500 年～前 2000 年
新石器時代晚期，父系社會來臨。黃河和長江流域進入酋邦式古國時代，傳說中的五帝即是各酋邦的首領。

公元前 3000 年
埃及發展出象形文字

公元前 3500 年
蘇美爾出現圖形文字，刻於石上或軟泥版上，以後發展為楔形文字。

公元前 3000 年
巴比倫將一天分為 24 小時

● 公元前 100 萬年～前 65 萬年
陝西藍田出現直立人，打製而成的石片和
用來砍砸的石器成為主要的勞動工具。

● 公元前 70 萬年～前 20 萬年
北京人出現，體質與現代人相近，是由猿到人進化
的明證。他們結成群體，懂得製造用來砍砸、刮
削、錘擊等的工具，也會人工取火。

● 公元前 170 萬年
舊石器時代早期，雲南地區的元
謀人進入直立人階段，開始運用
火和製造簡單石器。

● 公元前 30 萬年～
前 52000 年
進入早期智人階段，腦
容量增大，手靈巧，更
接近現代人。已掌握製
造石球技術，進入舊石
器時代中期。

● 公元前 6000 年～前 3000 年
黃河及長江流域不少地區的陶器上已有記事
符號，被認為是原始文字的雛形。

● 公元前 5000 年
長江、黃河流域紡織技
術發達，生產出柔軟細
密的棉布。

● 公元前 5000 年～前 3300 年
長江流域河姆渡文化稻作農業發
達。石器、陶器、骨器、木器
製作達到很高水平。

● 公元前 5000 年～前 3000 年
黃河中游的仰韶文化發展到頂峯

● 公元前 4241 年
埃及初有曆法，以三百六
十五日為一年。

● 公元前 5000 年
玉米種植首見於墨西哥地區

● 公元前 4500 年
蘇美爾人在西亞的美索不達
米亞平原建立最早的城市

● 公元前 2700 年
長江良渚文化遺址發現最
早的家蠶絲織品殘片

● 公元前 2900 年
埃及人開始建築金字塔，墓祠石刻反映當
時埃及社會的生活狀況。

● 公元前 2500 年～前 2000 年
進入原始社會末期，各古國形成若干
政治集團，其中夏族首領大禹治水成
功，夏族強大，統治黃河中游大部分
地區。

中國人從哪裡來？

黑種人　　黃種人　　白種人

我們是誰？我們從哪裡來？自古以來，人類對自身起源的探索從未停止過。今天世界各地仍然流傳着各種神人式的英雄創造人類的神話，內容很相似，這些就是祖先們為人類起源所作的解釋。在中國民間傳播最廣泛的，是遠古英雄女媧，用黃土捏出泥人，製造人類的故事。

古遠的神話雖然歷久不衰，但隨着科學的發展，人類對自身的起源又有新的理解。20世紀以來，從非洲、亞洲等地的重要考古發現證實，原始古猿是人類和現代類人猿的共同祖先。西方科學家通過基因測定和研究，曾經認定非洲是早期人類的唯一起源地，最早的人類是由非洲森林出發，走向全世界的。但也有學者提出，世界上分佈有多處人類的起源地，古猿是在各地區先後完成進化過程的。中國也是世界上發現百萬年前的古人類化石和生活遺存豐富的地區，是人類其中一個重要的起源地。

最早的人類出現在約四百萬至一百萬年前的更新世早期。當時正處於冰河期，環境寒冷而惡劣，人類大多生活在密林中，靠採集

▲ 女媧造人剪紙

傳說女媧以黃土捏人，吹入仙氣後，泥人即能行走說話，變成真人。這幅民間剪紙便描繪了女媧造人的情景。

所造的人

女媧

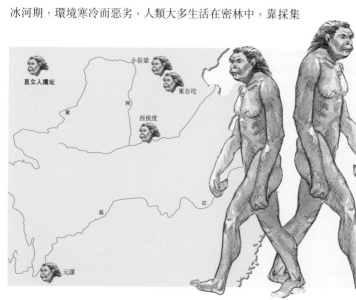

直立人遺址

小長梁

東谷坨

西侯度

元謀

黃　河

長　江

中國境內百萬年前直立人遺址分佈圖

大約在更新世到來之際，中國的地貌發生翻天覆地的變化。喜馬拉雅山隆起，形成青藏高原，並出現西高東低的山川大勢，水草豐茂的華北、華南和長江流域，都適宜人類生存，在這種自然環境下，中國人的遠祖邁開了走向歷史舞台的第一步。近幾十年來，考古學家在中國華北、華南和長江流域都發現更新世早期（距今約一百八十萬年）的人類化石或石製品。

野果和捕獵小動物維生，人類終於完成了從爬行到直立行走，從使用石頭砍砸果實和野獸，到製造專用石器的過程。人的腦量逐漸增多，並且出現了語言，使十幾或數十人相互依賴的群居生活趨於鞏固。這樣，當大量動植物因為不能適應冰河期的氣候驟變而滅絕的時候，聰明的人類卻頑強地活下來，並完成了體質的進化。

距今約5萬至1萬年前	距今30萬年前	距今100萬年前	距今800萬年前	距今2000萬年前
新人 體質特徵與現代人幾乎無異	**智人** 體質特徵與現代人相近	**直立人** 體質仍保留一部分原始特徵	**臘瑪古猿** 人類最早的直系祖先，體質與猿相近	**森林古猿** 現代類人猿的先祖，遠古人類的近親

▲ **人類演化圖**

非洲曾被認為是人類的起源地，因此埃及古猿被視為人和現代類人猿的共同祖先。二千萬年前埃及古猿分兩支進化，一支經森林古猿演化成現代類人猿，另一支在一千五百萬年前從非洲走向世界各地，經臘瑪古猿、南方古猿演化成現代人的模樣。從猿到人的歷程大約從一千五百萬年前到三百萬年前。

◀ **世界上的三大人種**

在五萬年前的新人階段，在世界各地形成了三大人種：黃種人（蒙古人種），主要分佈在亞洲和美洲地區；白種人（歐羅巴人種），主要分佈在歐洲；黑種人（尼格羅人種），主要分佈在非洲地區。這是由於各地區的人長期適應不同的自然環境，形成不同的人種現象。

◀ **火種罐**

火帶來光明和溫暖，從此人類不受寒冷氣候和地域的限制，更加擴大了活動範圍。而熟食的習慣促使人類體質增強，脫離茹毛飲血的時代。在中國，約在七十萬年前的人類已經掌握人工取火和保存火種的技巧。這個保存火種的陶器則是新石器時代的工具。

◀ **薄尖狀石器**

製造石器是由猿向人演變的重要一步。這是人類最早打製的工具，用來挖掘、砍砸或刮削，幫助人類在茂密的山林中採摘野果、捕獵成群的小動物或驅趕虎豹猛獸。以打製石器為主要工具的時代，稱為舊石器時代。

北京人的家園

我們的祖先懂得站立行走以後，視野開闊起來，放棄了築巢居住的生活，勇敢地走出密林，尋找新的家園。

20世紀初，中國的考古學家宣佈了震驚世界的重大發現。他們在北京周口店風光秀麗的龍骨山上，發現了五十至七十萬年前的北京人遺址，以及一萬八千年前的山頂洞人遺址。遺址內的人骨化石和生活遺跡，記錄了人類走出蒙昧時代，從猿人向新人轉變過程中的重要信息。

北京人選擇在大自然資源豐盛、山林與河流相鄰的龍骨山下建立家園，比生活在原始森林中的古猿有了顯著的進步。他們住在大洞穴中，既便於野外捕獵，又可以躲避嚴寒和猛獸的侵襲。他們以狩獵和採集植物為生，過着群居的生活，學會了用火燒烤食物，又懂得製造原始的石器、骨器和木棒等工具。在長期的勞動中，他們的體質發生了重大變化，腦量增多，手腳的功能已經分化，用以製造工具的雙手變得靈活。下肢專門用於行走，使身體直立起來。北京人在這裡生活了二十多萬年後，由於氣候驟變被迫遷徙遠方。目前，人類學家還無法證實北京猿人就是中國人的直系祖先。

真正走出蒙昧時代的，是居住在北京人洞穴附近的山頂洞人。他們屬於黃種人，即蒙古人種，可以確定是中國人的祖先。山頂洞人屬於新人的典型代表，體質特徵遠遠超越了北京人，與現代人相似。他們可以製造多功能的石器，捕獵和採集的效率大為提高。骨針的發明，更使人類結束了赤身裸體的蒙昧狀態。山頂洞人已進入舊石器時代晚期，以血緣為紐帶的母系社會使氏族更穩固，他們與相鄰的氏族通婚，人口不斷增加。

▲ 北京人復原頭像

北京人頭骨外形比四肢發展緩慢，還保持着原始性，但是腦量增多，善於利用思考來應付各種災難，這是人類進化中的關鍵。

▶ 周口店龍骨山

在龍骨山1000平方米的範圍內，共發現五個古人類居住過的山洞，北京人和山頂洞人都留下豐富的石器和生活遺跡。這裡氣候溫暖濕潤，北部群山疊嶂，森林茂密，東南有寬闊的草原，山下湍急的河流中有各種魚蝦。優美的環境和豐富的動植物，吸引人類在這裡生息、繁衍達數十萬年。

◀ 文明的葬禮

山頂洞人的生活比較安定，居住的洞穴按照功能分為居住區、倉庫和基地三個區域。倉庫中存放剩餘的食物。這時已經產生了喪葬觀念和宗教信仰，將死去的祖先或同伴埋葬在基地中。

北京人與現代人的比較

北京人生活在五十至七十萬年前,體質與現代人有一定差別。現代人身高約174厘米,北京人約157厘米;現代人的腦量約 1300~1500 毫升,北京人只有現代人的 2/3;現代人越來越長壽,普遍活到七八十歲,北京人平均壽命是四十七歲,有1/3的人不到十四歲就死去了。

◀ 北京人的生活
為了生存,北京人往往十幾人或幾十人結成群體,相互協作,共同捕獵,共同分享。但是,內部的關係鬆散,沒有固定的兩性關係,更沒有家庭,這就是最早的人類社會組織。

◀ 骨針
山頂洞人的婦女承擔起採集食物、製造食物、縫製衣服和養育後代的工作。這是縫衣服的骨針,表面磨製光滑,針孔用極尖銳的利器挖成,製作技術的進步可見一斑。

▶ 赤鐵礦
赤鐵礦被山頂洞人視為血液的象徵,在宗教活動中,多在死者的四周撒赤鐵礦粉末,以祈求死者在另外的世界復活。

弓箭的時代

▲ 石箭頭

這是用石英石打磨製成的最早的弓箭頭。在發現石箭頭的遺址中，一般都有大量的大型動物化石出土，說明人們在使用弓箭以後，大大提高了捕獲猛獸的能力。

五萬年至一萬年前，地球上最後一次大冰河期結束，我們的祖先終於熬過了漫長的嚴寒，迎來了溫暖的陽光。隨着自然氣候的改善，他們再次放棄原有的生活方式，這次是從了山林間的洞穴，走向更加廣闊的平原，在河流之畔搭建草屋，逐水草而居，活動的範圍擴展到黃河和長江沿岸。這次遷徙預示着農業革命的新時代即將來臨。

我們的祖先從最初用笨拙的雙手打製粗糙而簡陋的石器，到用靈巧的雙手熟練地製作精細而實用的石器，經歷了長達百萬年的磨練。此時大多開闢了專門的石器製作場，造各種專用功能的石器，例如用於砍伐樹木的手斧、分割動物骨骼和獸皮的刮削器、鑽孔的石鑿等等。尤其是磨光和鑽孔技術的應用，更是石器製作技術劃時代的進步，成為跨入舊石器時代晚期的標誌。農業出現以後，打製石器逐漸被更加精細的磨製石器取代了。

狩獵和採集仍然是衣食之源，但是由於平原與山林的環境不同，獵手不僅要有高超的捕獵技能，更要有強大殺傷力的武器。投擲石球、標槍和弓箭等新型武器相繼發明出來，尤其弓箭成為最具威力的武器。

要提高捕獵效率和生產力，氏族內部就要穩固，成員互相協作，還要求各個氏族密切聯繫，於是氏族之間相互通婚，一種以血緣為紐帶聯合起來的氏族部落產生了，並且不斷壯大。

▲ 製造細石器的石英石原料

舊石器時代晚期，隨着製造的石器變得精細小巧，對石料質地的要求也越來越高。尤其是弓箭普及，廣泛應用石箭頭，更需要質地堅硬的石料。這種產於華北地區的石英石就是加工精細石器和箭頭的優質石料。

◀ **使用弓箭圖**

弓箭是速度快、射程遠，又最具殺傷力的狩獵武器，發明弓箭需要長期積累狩獵的經驗和發達的智力。人利用臂力拉起弓和弦，將石箭頭射出去，擊中目標，是學會將物體的彈力與自身的臂力巧妙結合的結果。

▶ **使用石球圖**

石球是舊石器時代一種新型的狩獵武器，最大的重1.5公斤以上。使用石球的方式很奇特，除了用力投擲，擊中野獸外，還可以用絆索方式狩獵。用繩子一端拴石球，投擲石球帶動繩子纏住野獸的腿，將野獸捕獲。另一種方式是飛石索，用繩套或皮帶套包住石球，甩出帶子將石球投出，擊中野獸。在黃河中游一個遺址中，發現了三百多匹野馬的遺骨，相信是獵人使用石球捕獵的戰利品。

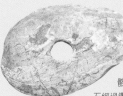

石器製造場

這是位於黃河流域西北地區的一處典型的石器製造場，選址在遍佈鵝卵石的河灘上，便於就地取材。當時，無論男女都參加打製石器。打製過程有明確的分工，石器經過多道工序的加工和修整，表面光滑平整。產品種類很多，有專門用於挖掘的尖狀石器，還有用於狩獵的石球等。

◀ **穿孔蚌器**

這是用盛產在長江流域的大河蚌製造的工具，可以用來挖掘鬆土或刮削野獸的骨骼、皮毛。中間的圓孔是用尖的石經過鑽孔和研磨而成的。可見磨製和鑽孔技術在中國的南、北方都相當普及。

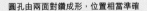

圓孔由兩面對鑽成形，位置相當準確

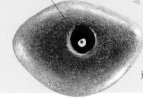

穿孔石耳墜

舊石器時代晚期，磨製和鑽孔技術問世。磨製石器一般是在砂石上加水，經過打磨後，出現光華圓潤的效果。鑽孔也是利用尖的工具加上砂石和水的作用，鑽研出圓孔。這些新技術最先用在裝飾品上，山頂洞人佩戴的各種石耳墜，就是經過選材、打磨成形、拋光、鑽孔等多道工序製成的。

農業革命引發的巨變

一萬年前，中國發生了一場由技術改革而爆發的經濟大革命。

此時遍佈在大江南北的先民，選擇在土地平坦而肥沃的河流之畔營建村落，過着平靜的定居生活。尤其在黃河和長江流域密集的氏族村落裡，先民已經從獵人和採集者變為以種植稻穀為生的農民。農業成為主要的衣食來源，狩獵和採集轉為輔助性生產，這為日益稠密的人口提供了可靠的生活保障。

配合農業的發展，石農具相當發達，開墾荒地的石斧、石鏟、石錛，收割糧食的石鐮，加工糧食的石磨盤等，都在農業革命中發揮了巨大的作用。石器產品表面平整光滑，刃口鋒利，是中國邁入了嶄新的新石器時代的標誌。

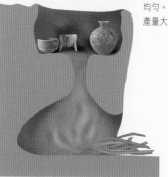

▲ 石鐮

隨着農業的革命性發展，農具也相應發達。石鐮是收割糧食的工具，表面精緻光滑，刃口鋒利，説明曾經過精細的磨製加工。

農業革命的規模和意義並不比工業革命為低，它使從事農業的氏族進入嶄新的社會。農業產量增加，有了剩餘糧食用來飼養家畜，豐富了食物的來源。各種盛放糧食和烹煮食物的日

▶ 鳥巢演變的陶屋

這個紅陶質的房屋模型，是新石器時代黃河中游過着定居生活的氏族建築形式之一。屋頂模仿茅草覆蓋，並開闢窗口，與鳥巢相似。下面的圓口是供出入的，通口很小，可是房屋還很原始。中國古代傳説中的有巢氏，據説是生活在密林中，在樹上建巢為居的祖先。這種房屋就是由祖先的巢居造型演變而來的，證實了人類居住形式的演變過程。

▼ 陶窰圖

陶器是隨着農業而出現的。燒製陶器的方法最初很原始，在露天的火堆中燒陶。由於溫度低，受熱不均勻，陶器質地粗糙而鬆軟，容易滲水和破碎。陶窰發明以後，將爐溫提高到攝氏960度，受熱均勻。可以燒製紅陶、黑陶、灰陶等豐富的品種，質量和產量大為提高。

▶ 中國最早的絲織品殘片

這是在長江流域一個遺址中發現的絲織品殘片，距今四千七百年。絲織品呈黃褐色，平紋編織，表面細緻光潔。每一條絲線都是由二十多條蠶絲合併而成，每條蠶絲呈半透明狀，寬度為 15.6 微米。經線和緯線沒有經過捻合，而是借助蠶絲自身的黏着性合併成絲線的，是比較原始的線織技術。

用陶器，成為定居生活的必備物品。製陶業蓬勃發展起來，彩繪陶器的藝術水平達到驚人的高度。紡織技術更改變了夏着樹葉、冬着皮毛的舊習。用葛或麻織布製衣的技術廣泛傳播，甚至還出現了養蠶技術和絲織品。紡織技術出現，男耕女織的社會分工即將到來。

這一切巨變，以及社會分工，都是在糧食富足以後，有更多的勞力分離出來，並專門從事農業以外的勞動所引發的。中國特有的自給自足的小農經濟也是建立在這種基礎之上的。

▲ **東北平原聚落遺址**

這是目前中國保存最完整、年代最早的史前聚落遺址，位於內蒙古東部的草原上。這裡的先民已發展農業，開始了定居生活。整個聚落是一個氏族居住地，共有二百多居民，單個房屋由一個家庭居住，一排房屋則是一個家族，表明氏族成員之間親密的血緣關係。在聚落的附近還有兩處佈局相同的聚落遺址，應屬有婚姻關係的氏族，這些關係密切的氏族共同組成了氏族聯盟。

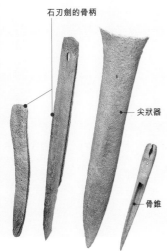

石刃劍的骨柄

尖狀器

骨錐

▶ **玉蠶**

新石器時代紡織技術剛剛成形，紡織品原料來源於動物和植物兩大類。動物纖維主要有獸毛和蠶絲；植物纖維主要有葛和麻。這些原料的來源都相當廣泛，其中用蠶吐出的絲紡織而成的織品屬於最高級的。這是用玉精心雕琢的一對形象逼真的蠶，反映了新石器時代的先民對養蠶紡織的重視和依賴。

◀ **各種骨製工具**

骨器是新石器時代普遍使用的工具。這幾件是用動物肢骨製成的骨器：骨錐是多用途的鑽刻工具；尖狀器專用於農業的播種；骨柄石刃劍的劍身兩側有凹槽，原本鑲嵌有薄而鋒利的石製刀刃，是隨身攜帶的兵器或工具。

南北兩大農業系統

農業初興時，是刀耕火種的粗作階段，在荒地上焚燒草木後，挖坑撒種，等待陽光、雨露和收穫。這種耕作方法，產量很低。六千至九千年前，改進的磨製農具大量用於農業，深挖土地，耕耘農田，引水澆灌，這種鋤耕技術增加了糧食產量，很快在各地傳播開來。

中國同古印度、古埃及、巴比倫一樣，發達的文明孕育於大河流域，黃河和長江流域是中國最早邁進鋤耕農業的地區，成為引導農業新技術的先鋒。黃河流域疏鬆的黃土，大量種植耐乾旱的粟和黍。長江流域河流縱橫，水源充沛，大量種植適宜潮濕的水稻。這兩個地區都是糧食高產地區，由此形成了各具特徵的北方旱作和南方水作的兩大農業區，直至今天依然延續着這樣的模式。

糧食產量的提高，加工和儲藏穀物成為農業生產的重要環節。最初都是在房

▲ **儲糧的彩陶缸**

新的鋤耕耕作，使農產量增加，糧食的儲藏問題逐漸受人注意。這是放置糧食的大型陶缸，大約盛放糧食25～30公斤。

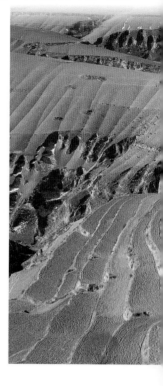

▶ **黃土高原**

旱作農業起源於黃河中游。這裡地處黃土高原，地勢高敞，海拔1000～1600米，黃土層厚。由於黃土風化，土質疏鬆，表土流失，形成溝壑縱橫的特殊地貌。土壤蘊藏着天然肥力，適宜旱地作物粟和黍的生長，是農業最發達地區。這一帶出土豐富的新式石農具和加工糧食的工具，窖穴中還發現大量的穀物遺存，説明旱作農業已具有較大的規模。

◀ **北方主要作物粟的前身 —— 狗尾草**

中國北方旱作農業主要以生產粟為主。粟是由狗尾草的同科植物經過優化栽培演化而來的。今天野生的狗尾草有長圓形的穀粒，生命力很強，遍佈中國大部分地區。

▶ **碳化稻穀**

中國南方的水作農業主要種植稻米。這是長江下游發現的七千年前的穀粒，很多還保持原來的外型，連穀殼上的稃毛都清晰可辨。中國近年還發現了超過一萬年的稻穀遺存。

屋中挖掘的地下窖穴儲藏糧食，有的村落有窖穴多達數百個。後來又在地面上建造了便於通風防潮、儲藏時間更久的糧倉。改善食物質量的糧食加工技術也日趨精細，石磨盤和石杵臼是專門用於去殼、脫粒、碾磨，直至將糧食磨成粉的工具，在南北農業區普遍使用。

大量剩餘的糧食還帶來了興旺的飼養業。最初是將豬、羊、牛等溫順的動物散放在野外，派人馴化和看管。以後又設立了專門的畜欄，用剩餘的糧食飼養家畜，優化良種。家畜提供肉食，補充了人體對蛋白質和脂肪的需求。以糧食為主，肉蛋為輔的飲食結構，至今還是東方人的習慣。

▲ 南北兩大農業經濟區

在七千至九千年前，黃河流域以及北方的廣大地區形成以種植粟和黍為主的旱作農業區。同時長江流域的中下游地區形成以種植水稻為主的水作農業區。兩大地區都是農業高產區，也是新技術的起源地。

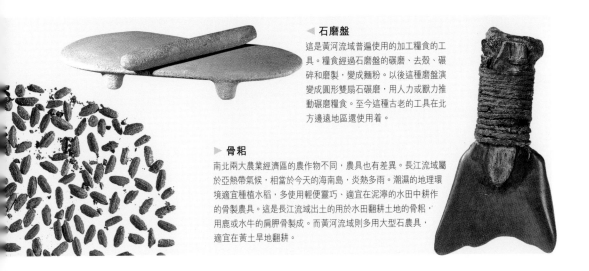

◀ 石磨盤

這是黃河流域普遍使用的加工糧食的工具。糧食經過石磨盤的碾磨、去殼、碾碎和磨製，變成麵粉。以後這種磨盤演變成圓形雙扇石碾磨，用人力或獸力推動碾磨糧食。至今這種古老的工具在北方邊遠地區還使用着。

▶ 骨耜

南北兩大農業經濟區的農作物不同，農具也有差異。長江流域屬於亞熱帶氣候，相當於今天的海南島，炎熱多雨。潮濕的地理環境適宜種植水稻，多使用輕便靈巧、適宜在泥濘的水田中耕作的骨製農具。這是長江流域出土的用於水田翻耕土地的骨耜，用鹿或水牛的肩胛骨製成。而黃河流域則多用大型石農具，適宜在黃土旱地翻耕。

中國人的母親河 —— 黃河

黃河孕育出高度發達的農業文明，是中國文明的一個
重要源頭。黃河和幾條重要支流潤澤了沿岸的土地，
讓人得到安身立命之本。同時，它的憤怒咆哮，泛濫
改道，數千年來也給中國人帶來了無盡的苦難。

▲ 黃河及河道旁的農田

平等的女權社會

大約在六千年至八千年前，在黃河中游旱作農業發達的中原地區，遍佈繁盛而活躍的母系村落，這裡是由女人主宰的世界。

以血緣關係為基礎組成的母系氏族，數十人甚至上百人聚居在獨立的村落裡。男女分工明確，男人仍然從事着舊石器時代的老本行 —— 狩獵和捕魚。而女人從事的勞動都是農業革命帶來的最新技術，例如先進的農業耕作技術、製陶、紡織等。她們的收穫比男人穩定，可以保障氏族的日常生活需要，在整個經濟活動中佔據主導地位，成為氏族的主宰者。

氏族中沒有尊卑等級和私有觀念，人與人之間平等和睦的關係，滲透到整個社會生活中。婦女受到普遍的尊重，每個氏族都由一位具有親和力的年長女人擔任首領，主持日常事務。氏族成員的世系是按照母系血統計算的，人們只知其母，不知其父。由此組成了能夠給每個氏族成員帶來溫情的、以老祖母為中心的氏族社會。氏族的全部財

▲ **表達對女性崇拜的陶塑壺**
陶器是母系氏族創造的最絢麗的藝術，也是農業發展以後，最早興起的手工業。燒製陶器最初多是由女性負責的。這件紅陶壺似少女頭像，面帶微笑，作訴說之態，表達了對女性崇拜的理念。

▶ **氏族首領房屋復原圖**
這是母系氏族首領的住房，也是首領主持會議和進行宗教活動的場所。從本圖可透視出屋內間隔，前半部分是燒飯的地方，後半部分是氏族成員開會的場所。氏族首領住的房屋雖然面積大於普通成員的房屋，但是她沒有任何特權，遇到重大事件需要召集氏族會議決定。如果首領不稱職，氏族成員可以罷免她。

魚紋　　　　　　　　　　　　　　人面紋

▲ **人面魚紋彩陶盆**
母系氏族受到萬物有靈觀念的影響，崇拜祭祀的對象繁多，除了傳統的自然崇拜以外，還有圖騰崇拜、靈魂崇拜等。人面魚紋與神秘的生育巫術有關。人面紋代表正在分娩的嬰兒；魚則以產卵多、繁殖快、生命力強而象徵生育與繁殖，整個畫面寓意子孫繁盛。

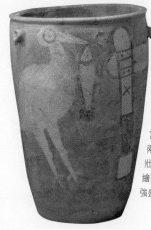

◀ **彩繪圖騰陶缸**
母系氏族社會中，未舉行過成年禮的兒童，不得進入氏族公共基地，而是埋葬在住房周圍，以便於親人"照顧"。因此，每個氏族都燒製專門用於埋葬兒童的陶器。這件葬具上繪有寓意豐富的圖案。鳥和魚是分別代表兩個氏族的圖騰，把鳥畫得雄壯有力，魚則俯首就擒，暗示繪畫這圖案的氏族極力顯揚鳥族強盛與魚族衰弱的主題。

產屬於公有，大家一起勞動，共同分享。財產的管理權由女子繼承，即外祖母傳給母親，母親傳給女兒。每個氏族都是一個相互依存、自給自足的團體。

為了繁衍和擴大人口，母系氏族實行不同氏族之間通婚的群婚習俗，以後逐漸轉變為男女關係較為固定的對偶婚，正在向一妻一夫制過渡。

圖騰的出現

原始人類相信，每個氏族都與某種物類有特別的聯繫，該種物類具有超自然力，可以保護氏族及其成員。於是，各個氏族分別認定不同物類為本族的保護神，並把這個保護神作為氏族的標誌或圖徽，後人把這些族徽稱為"圖騰"。圖騰最初多是單一的形象，後來越來越複雜，出現混合幾種動物特徵的神化形象。相傳黃帝是以熊為圖騰的。

◀ **母系氏族的村落**

位於黃河中游一處典型的母系氏族村落，南依驪山，北臨渭河，佔地 2 萬平方米，經過悉心規劃，外圍有防護野獸侵擾的壕溝，內有五十多座房屋，分五組，每組是一個母系家庭，由大房屋和若干小房屋構成。五個母系家庭構成百多人的母系氏族。所有的房屋面向中央廣場，這裡是舉行集會的公共活動場所。村落中還有窰場和家畜圈欄。在壕溝外有五處公共基地，是五個氏族家庭最終的歸宿。

◀ **紅陶獸形壺**

在母系氏族社會，製陶和飼養家畜都是婦女的重要工作，因此陶器中有大量模仿家畜的作品，表達對富足生活的祈盼。豬和狗是南北方普遍飼養的家畜，這件紅陶壺巧妙地將這兩種形象合一。

▼ **骨笛**

安定的農耕生活，使母系氏族社會對藝術的追求更強烈。在中原地區一處遺址的墓葬中，隨葬了十六支用鳥骨製成的骨笛，是耕作之餘的娛樂樂器。笛長 22 厘米，有七個孔，可以吹奏六個音階。

不平等的男權社會

髮髻
橄欖形眼睛
穿繩的圓孔

▲ 氏族首領的形象

這個玉人頭，是一件裝飾品，應為氏族首領的形象。

五千至四千年前，在黃河和長江流域農業先進的地區，身強力壯的男人逐漸從狩獵和捕魚的輔助性生產，轉為從事農業耕作的主力。複雜的手工業更適合沒有家務之累的男人，他們又有許多創新和發明，例如將製陶工藝的手製陶坯，改變為機械原理的輪製陶坯，從而增加了產量。男人除了在生產勞動中發揮技能外，還在繁雜的集體勞動中發揮重要的組織和指揮作用，備受氏族成員的尊敬。因此，男人與女人的地位轉換了，女人在生產中被排擠到次要地位，導致父系氏族制度取代了母系氏族制度。這是人類歷史上激烈的大變革，也是邁向文明社會的門檻。

父系社會同母系社會一樣，依然維繫着以血緣關係為基礎的氏族群體。但是世系改變為按照父系計算，男子享有特權，在氏族中佔據主導地位，氏族的首領由男性擔任。氏族的管理最初還維持民主制度，重大事情由氏族會議決定。隨着一夫一妻婚姻關係的確立，穩定的個體家庭出現了。氏族

獸面紋

▶ 玉鏟

這是模仿農具石鏟製造的禮器，是氏族首領舉行重大禮儀活動時使用的，代表了神聖的權利。在玉鏟上雕刻獸面紋，應該與氏族的宗教信仰或圖騰有關。早期出現的禮器，大多與農具相關，證實農業在氏族社會中有舉足輕重的地位。

◀ 鑲嵌松石骨雕筒

這是貴族首領的隨葬品，用象牙骨雕刻及綠松石鑲嵌而成，是安裝在象徵氏族首領權力的器物——麾的柄首上。這種工藝複雜的鑲嵌技術，只有在具有相當規模的手工業作坊中才能夠完成。

▶ 黑陶高柄杯

社會出現了貧富分化，氏族首領不僅擁有財富，還主宰權利。為了顯示其至尊地位，享有各種精緻的禮器和用品。這隻杯壁薄如蛋殼，裝飾素雅，是高級飲酒器，應是氏族首領所用。

的全部財產由男性後代繼承。為了生育嫡親子女繼承財產，出現了私人佔據氏族財產的現象。私有制無情地佔據了主導地位，公有制度崩潰了。氏族首領主宰了權利和財富，成為高高在上的貴族，普通氏族成員的地位降到社會底層，尊卑等級越來越明顯，最終沖毀了平等的氏族家園。而由男人主導的自給自足的家庭式經濟模式，對中國社會的影響長達四千年。

▶ 氏族首領大型墓葬復原圖

父系社會的氏族首領，不僅生前居住在壯觀的房屋，死後還不屑與族人埋葬在一起，而是另擇風水寶地，修建巨大的墓葬，期望在死後仍然享受生前的風光。中國山東一個氏族首領的巨大墓葬中，隨葬百多件精美的陶器、玉器、象牙製品，大部分是專門製造，用來顯示權貴身分的禮制用器。

▶ 彩陶紡輪

長江中游的製陶手工業發達，這種陶製紡輪有旋轉的彩紋，當紡輪轉動時便會產生動感的花紋，反映了彩陶藝術之高。而輕薄小巧的紡輪，能織出細軟的布，又表現了紡織業的進步。

▶ 同葬一處的人與獸骨

父系社會的氏族，為了爭奪土地和財產，經常爭戰。戰俘成為氏族中地位最低下的人，甚至與牲畜同等。最初用牲畜作為祭祀的供品，繼而最殘酷的殺人祭祀和殉葬出現了，在建設房屋的典禮上，還用人頭作為奠基。殺人祭祀被視為是對神靈的最大崇敬。而被殺戮的多是戰俘。這是在房屋旁的垃圾中被扔棄的兩個人，他們與一隻狗同葬。

至高無上的巫師

農業帶來安定的生活，也帶來了農業民族特有的精神世界。在母系社會時代，祈求神靈保祐豐收，消災賜福，已經成為日常生活的重要內容。每個氏族在從事農業、狩獵和建築房屋等活動中，都必須舉行隆重的祭祀儀式。此時脫離生產的專職巫師產生了，氏族可以有充足的糧食供養他們。任何重大的決策，都由巫師占卜決定。他們主宰着整個氏族的命運，社會地位很高，都是由氏族中德高望重的女性擔任，有的還由女氏族首領兼任。但是她們沒有任何特權和物質享樂，與普通的氏族成員同甘共苦。

隨着父系社會的來臨，男性又佔據氏族的主導地位，巫師多由男人擔任，並賦予了新的政治

▲ 女神頭像

遼河牛河梁遺址女神廟中，供奉很多用泥土燒製的女神像。這是人們供奉的土地神，以祈求農業豐收。女神的面部和嘴唇塗紅彩，眼睛用青玉鑲嵌，頗具神采。

▶ 占卜工具 —— 龜甲與石子

直至新石器時代，人們對大自然的威力仍然難以理解，希望借助巫師的超凡神力，預測未來，把握命運，於是占卜出現了。在河南一個新石器時代的遺址中，發現一座男巫師的墓葬，隨葬有八組占卜用的龜甲。龜甲上刻有各種占卜記事的符號，龜甲內還裝有數量、顏色、大小、形狀不同的小石子。這是目前發現最早的一套占卜工具。

▲ 牛河梁宗教遺址

在東北遼河流域牛河梁一帶，發現距今五千年前的宗教聖地遺址 —— 祭壇、女神廟和墓葬群，佔地50平方公里，組成蔚為壯觀的建築群，實際上是邦國最高政治中心。祭壇是圓形高台，墓葬群有圓形和方形兩種，象徵了天圓地方的觀念。這種佈局是商周時代都城中宗教禮制建築的雛形。

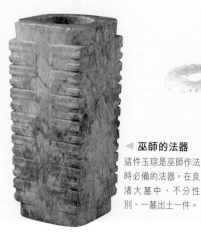

◀ 巫師的法器

這件玉琮是巫師作法時必備的法器。在良渚大墓中，不分性別，一墓出土一件。

色彩。巫師具有與天地溝通的神力，又憑藉神的力量建立起自己的威嚴和統治邦國的權力，成為集神權、軍權、王權於一身的統領一方的統治者，至高無上的地位與後世的皇帝相似。

新石器時代，北方和南方的廣大區域已經形成勢力強盛的邦國，高度發達的宗教與統治權力合而為一。例如在南方的長江流域良渚地區和北方遼河流域牛河梁地區，統治者的政治中心興建了規模壯麗的、顯示高貴地位的大型祭壇建築和陵墓。良渚人盛行供奉玉琮，祭祀觀念以溝通天地之神為最高境界。而牛河梁人是崇拜女神的氏族，體現了在農業發達的原始社會，人們視土地如母親的理念。

▶ **穿靴子的巫師**
這是具有宗教意義的神器。製作者有意誇張了一雙厚重的大靴子，獨具匠心地突出了穿靴人的特殊身份。當時一般氏族成員多赤腳，也有少數穿草鞋，只有地位顯赫的人才能夠穿靴子。因此，這人的身分很可能是巫師或氏族首領。

▼ **陪葬玉器**
這是牛河梁遺址一個大墓的隨葬玉器，包括有玉璧、玉環、玉龜等，墓主人死時手握與占卜有關的玉龜，顯示他是掌握神權的宗教領袖。

▼ **玉琮之王**
原始社會晚期，玉器被賦予特有的宗教意義，最高貴的玉器是玉琮。在隆重的祭祀禮儀中，玉琮成為巫師奉獻給天神和地神必不可少的禮器。玉琮外圓內方，表示天圓地方的意思，中間的圓孔表示天與地的溝通，中間穿過的繩子，就是"天地柱"。
此外，玉琮越大，代表擁有者的地位越高，這件玉琮重 6.5 千克，被稱為"琮王"，未知持有它的巫師，法力是否特別高超？

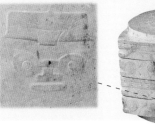

▶ **玉琮上的神人獸面紋**
玉琮上刻有良渚人崇拜的主神形象 —— 神人獸面紋，這個圖案在良渚禮器上無處不在，是象徵權勢和威嚴的神徽。

邦國征伐的時代

四千至五千年前，在黃河、長江和遼河流域等經濟發達地區，聚集着眾多勢力強大的部落聯盟。他們或聯合，或對抗，終於形成了由若干部落聯盟組成的獨霸一方的邦國。

為了抵禦敵人的入侵，各個邦國都興建城堡。城內有顯示政權和神權的宮殿區、祭祀區，邦國首領在此治理政務，是邦國的政治、宗教、軍事中心，實際已經成為最初的王都。在大城堡的周圍護衛着許多小型軍事城堡，形成進可攻、退可守的軍事防禦體系。城堡群的四周有密集的村落，屬於邦國的勢力範圍，氏族成員要向邦國首領提供糧食和家畜。至此，高聳林立的城堡標誌着平等民主的氏族社會已經走到盡頭，國家即將出現。

在黃河、長江兩大河流域活躍的諸多邦國，再次作為原始社會最後一場革命的先鋒，帶動了周邊地區奔向文明時代。

此時標誌着先進文明的神秘文字和青銅器也在黃河流域產生。文字、青銅器和城堡，被認為是文明發展的重要標誌。

邦國時代一批具有強大政治勢力的領袖和與天災抗爭的英雄，例如

▲ 三苗古國遺留的人頭像

傳說時代的夏朝創始人堯和禹，曾多次討伐位於長江流域的勁敵三苗古國。這是三苗古國遺留的玉製人頭像，穿戴嚴肅，表情莊重，佩戴耳環，大概是三苗的巫師。

火塘，除用來生火做飯，更重要的功能是讓眾人圍在一起進行宗教活動

▶ 殿堂遺址發掘現場

這座殿堂的規模、結構及建築技術，已超越了原始簡單庇護所的概念，代表了原始社會建築技術的最高水平。

黃帝集團
（漁獵經濟）

牛河梁

燕山

神農氏
華族集團
（旱作農業）

黃河

西安

泰山

長

江

夷夏集團
（沿海水作農業）

■ 黃帝集團中心區
■ 神農氏華族集團中心區
■ 夷夏集團中心區

▶ 陶器殘片上的文字

中國在八千年前已出現文字的萌芽，是刻畫在陶器上的符號。這是在山東發現的刻在陶盆底部的文字，共十一字，排列規整，獨立成字，應該是一個有語法規律的短句，與甲骨文同屬於一個文字系統。證實了邦國時代已有人創造出與商朝甲骨文一脈相傳的文字。

◀ 五帝時代的三大集團勢力範圍分佈圖

五帝時代已進入原始社會末期，其時國家尚未建立，各個邦國首領在不同地區活躍發展，北方、中原、東南地區出現了三大勢力集團。因文化的交匯和不斷組合與重組，三大集團逐漸匯聚一體，形成文化共同體。這是中國、中華民族以及多民族統一國家的奠基時期。

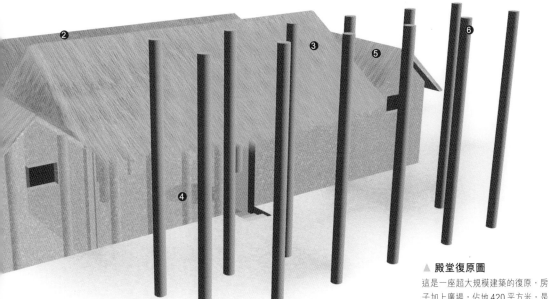

▲ **殿堂復原圖**

這是一座超大規模建築的復原，房子加上廣場，佔地420平方米，是一座五千年前的部落聯盟首領居住的殿堂，也是他召開部落聯盟會議和舉行重要宗教活動的場所。

❶ 西廂
❷ 後室
❸ 主室
❹ 主室內火塘位置的透視圖
❺ 東廂
❻ 廣場上十二根安置族徽等的柱

黃帝，他們為民造福的功績受到人們的愛戴，以後被尊奉為"五帝"，成為創造中華文明之神。而西方同樣也流傳着創造世界的神，但都是虛幻的人物。五帝產生於國家誕生前的三大政治勢力集團，即中原的神農氏華族集團、東南沿海的夷夏集團、燕山南北的黃帝集團。這幾個集團在各自地域活躍發展，也不斷相互征戰、融合，終於一同向着華夏文化共同體邁進。

▼ **陶排水管道**

這是一個城堡遺址出土的排水管道，證明古城中設計了完善的排水系統。陶管道一頭大，一頭小。小口套在大口中，連接成管道。這種排水設施一直沿用到近代，才由水泥管道取代。

—————— 穿孔供繫繩懸掛之用

◀ **七角星紋鏡**

銅器的發明是古國時代先進文明的標誌之一。人們最初只用自然銅加工成器，稱為紅銅，由於質較軟，只適宜作小型工具或裝飾品。後來發明了青銅，比紅銅熔點低、硬度大，可以用來製造各種生產工具和武器等。這是中國最早的青銅鏡。

◀ 玉豬龍

▲ 三孔玉豬龍

龍 的 故 鄉

龍與中華文明一脈相承。早在七千年前，它已經出現在中華大地，在五帝的傳說中，創立世界、戰天鬥地的領袖，幾乎都曾得到龍的神力相助。由那時起，龍的蹤跡遍佈大江南北，成為各民族共同崇拜的神靈，後來更演化成中國皇帝的象徵。

▲ 紅陶罐上的浮雕龍紋

夏朝至春秋戰國 （公元前 2070 年～前 221 年）

• 公元前 2070 年
禹將首領職位傳給兒子啟，啟建立中國第一個王朝夏朝。禪讓制從此廢止，實行王位世襲制。

• 公元前 2000 年
山東龍山文化產生真正意義上的文字

• 公元前 10 世紀末
十二律體系出現，是樂律學方面的重大建樹。磚的發明及榫卯接合技術的普遍應用，建築技術突進。

• 公元前 9 世紀中
周人開始使用鐵農具、鐵兵器。

• 公元前 1100 年
希臘由青銅時代進入鐵器時代。

• 公元前 776 年
希臘舉行第一屆奧林匹克。希臘人以這年作為自己的歷史年代的開始。

• 公元前 753 年
羅馬城建立，羅馬人以此年為羅馬史之元年。

• 公元前 722 年
中國最早的編年體史書《春秋》開始記事，春秋時代亦因此書得名。

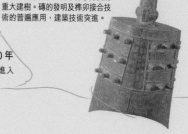

• 公元前 394 年
希臘柏拉圖主要著作《理想國》著成

• 公元前 356 年
秦孝公任用商鞅進行變法，統一度量衡，頒佈法律等重要措施，奠定秦國統一天下的基礎。

• 公元前 450 年
羅馬將成文法典刻於十二銅牌上，置於城市的主要廣場。

• 公元前 476 年
《考工記》成書，是中國最早的工業技術專著。

• 公元前 336 年
馬其頓阿歷山大大帝在位至前 323 年，期間征服波斯和遠征印度。

• 公元前 322 年
印度孔雀王朝興起，笈多國王後來統一北印度與阿富汗。

• 公元前 16 世紀
成湯建立商朝，定都於亳，建立了當時最宏偉的都城。

• 公元前 1312 年～前 1285 年
商王盤庚把都城遷到殷，殷成為商後期全國政治經濟文化中心；在殷墟出土的甲骨文，是中國最早的文字體系。青銅農具於這時期開始廣泛應用。

• 公元前 1894 年
巴比倫王國建立，此後三百年成為兩河流域最重要的國家。

• 公元前 1038 年
周公攝政並建立典章制度，即周禮。

• 公元前 10 世紀初
周原的西周宮室建築群，是最早的四合院建築。

• 公元前1046年～前1043年
周武王打敗商紂王，建立周朝，以鎬京為首都。

• 公元前 1200 年
經過十年戰爭，希臘摧毀特洛伊城。

• 公元前 656 年
楚國建立了最早的長城，長千餘里，以後各國相繼興築長城。

• 公元前660年
日本神武天皇即位，是日本傳統紀元之始。

• 公元前 594 年
魯國推行"初稅畝"，是中國歷史上徵收田稅的開始。

• 公元前 479 年
孔子逝世，他創立的儒家思想影響中國數千年。

• 公元前 510 年
羅馬貴族政變，實行共和統治，國家由執政官和元老院管理。

• 公元前536年
春秋時代鄭國鑄刑書，為中國成文法典之始。

• 公元前 483 年
印度佛教的創始人釋迦牟尼逝世

• 公元前 307 年
趙武靈王創建騎兵隊，是戰國七雄中最早開始胡服騎射的國家。

• 公元前 320 年
齊宣王在位，齊國的官辦學府稷下學宮達到鼎盛，成為戰國的論學中心。

邁進國家之門的夏朝

大約在五千五百年前，西亞兩河流域美索不達米亞的蘇美爾、北非尼羅河下游的埃及，都出現了文明程度很高的"城市國家"。而五帝在黃河和長江流域翻天覆地的變革，並未趕上這次全世界第一次國家誕生的浪潮。到四千至四千五百年前，在南亞印度河流域、南歐地中海和東亞的黃河流域都建立了國家，推動了全世界第二次國家文明的浪潮。

在"五帝"旗幟下集結的邦國中，以先進的農業和青銅技術堪稱強勢的夏族、商族和周族，最先邁進國家之門，在黃河中下游演繹了長達千年的群雄逐鹿的戰事。

公元前2070年，中國歷史上的第一個國家——夏朝建立，從此延續了數萬年的原始社會以血緣關係為基礎的氏族公社解體了，更高一級的文明社會誕生了。

夏朝國王啟是在一次政權革命中即位的。當時邦國的首領要經過民主推舉產生，夏族的治水英雄大禹被推舉為首領，他死後，沒有經過民主選舉，就由兒子啟繼承父位，成為國家的最高統治者，是中國的第一位國王。

▲ 鑲嵌綠松石牌飾
這是夏朝用鑲嵌工藝製造的青銅牌飾，將綠松石鑲嵌成獸面紋，是貴族神器上的裝飾物。

◀ 夏朝地域圖
夏朝統治區域位於黃河中游的洛陽平原和山西汾水下游一帶。該處有肥力充沛的黃土，適宜發展旱作農業，為夏朝爭奪"共主之國"的地位積蓄了強大的經濟實力。

渤海

河

黃

黃海

夏

河

淮

▼ 塗朱石璋
這是夏朝舉行重大典禮的儀仗禮器。造型仿兵器，塗有紅色硃砂，象徵鮮血，具有辟邪降魔的威力。在夏朝都城中出土大量用青銅、玉、漆、象牙、骨等製造的儀仗禮器，證明當時王室貴族很重視禮儀，典禮活動頻繁。

夏朝管轄了十二個同姓氏族部落和眾多異姓氏族部落，國王是各族的共主，也是貴族利益的代表。夏王打破了舊有的氏族組織，將國土按照地區劃分成"九州"，設置官吏管理，使國家對地方的統治增強了。但是，剛剛從邦國時代脫胎出來的夏朝，依然被沉重的舊勢力的鏈條束縛着，國家重大決策要經過貴族議事會通過。國王深深感到自己的權力受到很大制約。為了爭取更大的王權，他們與原始民主制殊死較量，但是，夏朝沒有完全實現這個願望。直至商朝和周朝以王權為中心的國家體制逐漸健全了，國王才確立了至高至尊的統治地位。

大禹治水與國家統一

距今四千年前，黃河泛濫對中國人造成巨大的威脅。大禹因為成功指揮治河，成為英雄，被推舉為部落聯盟首領。大禹動員各部落的人合力治水，反映當時的社會組織已經成熟。到他的兒子啟繼承其位後，終於建立了中國歷史上的第一個國家。此後幾千年，黃河水患從未止息，促使中國人團結力量應付，亦推動了中國向着大一統之路進發。

▲ **夏朝都城的宮殿復原圖**
夏朝的都城位於河南偃師二里頭。二里頭的遺址佔地300萬平方米，相當於現今四百多個足球場。其中有宮殿區、居住和生產區以及葬地等。宮殿區的規模很大，這是其中一座宮殿的復原。

◀ **青銅爵**
夏朝以發達的青銅業獨霸中原。不僅能夠製造各種青銅工具和兵器，還發明了複合陶範鑄造容器的技術。這件夏王室使用的飲酒器，具有禮制的意義，就是利用這種先進技術鑄造的，也是中國最早的青銅容器。

▶ **后羿射日圖**
夏朝眾多方國中，文明程度較高的東夷族，勢力強大，其首領曾被推舉為大禹的繼承人，但大禹違背禪讓制，讓位兒子，東夷族因而成為夏朝最大的政敵。啟去世後，東夷族首領后羿打敗夏王朝，並奪去王位。后羿被歷代讚揚為勇猛的英雄，傳說天上有十個太陽，引發乾旱，后羿射落九個。這戰國時代的衣箱上，描繪了后羿射日的神話。

神權與王權合一的商朝

當夏朝統治黃河中下游地區時，臣服於夏朝的商族，已經在東北方躍躍欲試了。公元前 1600 年，夏王桀暴虐無道引發內亂，商族乘機推翻夏朝，建立商朝。

商王作為各族的共主，鞏固了王位世襲制。商王自稱"余一人"，意思是普天之下，唯此唯大。商王的統治方式與埃及法老政權極相似，都是用神權與王權合一的統治方式管理國家，他們自恃既是世俗人間的最高領袖，又是天帝或太陽的子孫，具有溝通上帝意志的神力。商朝和埃及政府的高級官員也都兼有神職，還有大量專門負責宗教和祭祀事務的神職官員，他們形成了最顯貴的階層。

商王奉行的最高原則，就是依據天帝的意志治理國家，神權甚至高於王權。"國之大事，唯祀（祭祀）與戎（戰爭）"。商王處理政務，都要占卜吉凶，並形成規範的程序。占卜師在獸骨上占卜以後，要在骨上記錄占卜的事因和結果，作為王室檔案，由專人保存，傳世後代。保留至今的王室卜辭有十六萬片之多，內容涉及征戰、天象、收成，以及國王祭祖、田獵、疾病等。王室的占卜師，權力僅次於商王，不僅參與祭祀和征戰等國事的決策，而且幾乎所有與王事有關的活動都要參加，地位顯赫。在商王的感召下，整個王朝都瀰漫着鬼神崇拜的氣氛，神權政治滲透到社會生活的每個角落。

在古埃及、羅馬、希臘的歷史上，曾出現過神權政治，但因王權與神權分立，引發了國王與教主、教會

▲ **雙面人面形神器**
這是一件祭祀用的禮器。祭祀時，巫師拿着放在臉前，表示巫師就是神，人神相通，巫師代表神權。

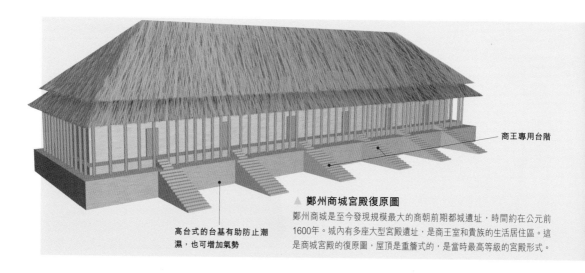

—— 商王專用台階

▲ **鄭州商城宮殿復原圖**
鄭州商城是至今發現規模最大的商朝前期都城遺址，時間約在公元前 1600 年。城內有多座大型宮殿遺址，是商王室和貴族的生活居住區。這是商城宮殿的復原圖，屋頂是重簷式的，是當時最高等級的宮殿形式。

高台式的台基有助防止潮濕，也可增加氣勢

與俗民之間的巨大分裂，甚至發生國家暴亂。而商王本人具有神權和王權的雙重身份，所以商朝沒有出現宗教動亂。但是商朝殘酷的神權政治繼承了邦國時代的統治方式，顯露了政權的原始性和幼稚狀態，所以後來的周朝便推行另一種統治模式，以適應複雜而多元化的國家體制。

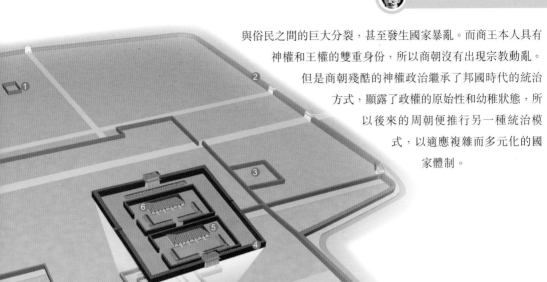

① 武器倉庫　　② 外城
③ 軍事拱衛小城　④ 宮城範圍
⑤ 內城範圍　　⑥ 宮殿

▲ 商朝最早的都城西亳復原圖

夏商周三朝的國王，都在探索確立王權之路，從都城、宮殿到陵墓的建築規劃，處處顯示了這一理念。商朝建立初期，精心選擇在洛水之濱建立都城 —— 西亳。這是一座宏偉的都城，分佈在中軸線上的宮城、內城和外城，其佈局強調了以王權為中心的統治理念。

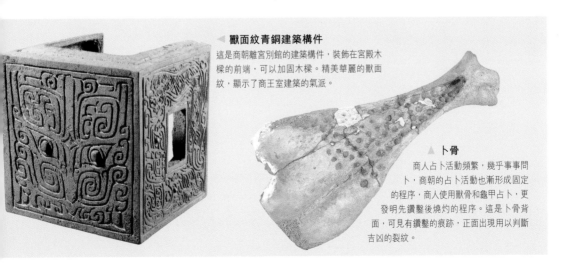

◀ 獸面紋青銅建築構件

這是商朝離宮別館的建築構件，裝飾在宮殿木樑的前端，可以加固木樑。精美華麗的獸面紋，顯示了商王室建築的氣派。

▲ 卜骨

商人占卜活動頻繁，幾乎事事問卜，商朝的占卜活動也漸形成固定的程序，商人使用獸骨和龜甲占卜，更發明先鑽鑿後燒灼的程序。這是卜骨背面，可見有鑽鑿的痕跡，正面出現用以判斷吉凶的裂紋。

神權統治下的臣民

夏朝着手建立的社會秩序，到商朝才初步凸顯出來。商王及其有血緣親族關係的王族是最高貴族階層，其下是與商王血緣疏遠的同姓貴族和異姓貴族，他們佔據了全國大部分土地、人口、財富。而社會下層是被稱為"眾人"的勞動者，分別隸屬於商王和各級貴族，他們從事農業和手工業生產，創造社會財富。地位最低微的是戰爭的俘虜，他們淪為貴族的奴隸，失去人身自由，可以任意買賣和殺戮，甚至作為人殉和人祭的犧牲品。

商王依照天帝的旨意治理國家，為表示對先王的尊敬，極重視厚葬和祭祀。除以牲畜和珍貴禮器陪葬外，還有商王的近臣、嬖妾、侍衛以及奴隸殉葬，以供祖先在死後的世界裡役使。殉人最多的達到數百人。此外，商王還重視用人作祭祀，凡是舉行供奉神靈或祖先的儀式，都殺戮或活埋奴隸作祭品。這種慘無人道的人殉人祭風氣，在貴族階層也相當盛行，凸顯了商朝神權至上的觀念。

商王為了更有效控制民眾，設立了監獄和各種酷刑。常見的刑罰有砍頭、剖腹、割鼻、活埋、刖足和剁成肉醬等，都是非常殘酷的肉刑。

商朝的統治，殘留着邦國時代的野蠻色彩，被後世所鄙棄。人殉、人祭和酷刑在西周已經遭到遏止，到秦漢更加衰退了。

▲ **受過刖刑的奴隸**

刖刑是商朝最流行的五種刑法之一，一般是用銅鋸從腳踝骨以上鋸斷下腿。這種殘忍的酷刑主要用來對付奴隸，使他們無法逃跑。在這件西周的青銅器上，鑄出一位受過刖刑的奴隸在守門，活現了受刑者的真實形象。

▶ **商人祭祀祖先的情況**

商人崇拜的神，分為天上諸神、祖先神和地上諸神，各有不同的祭祀方式。他們相信天神主宰萬物生滅和人的禍福，已去世的商王則傳達天神的意志，也對人間降福禍，因此很重視祭祖，大量用人和牲畜來獻祭。

❶ 巫師
❷ 被坑埋作祭品的人和牲畜

▶ **銅鏃與人頭骨**

商王室和貴族使用的骨器，大量是用奴隸或戰俘的人骨製造的。這個在商朝都城製骨作坊骨料中發現的奴隸頭骨，還插着一支箭鏃。

地下的奴僕

春秋以後的大型墓葬中，通常都會發現陶俑，這些俑是專門為死者製造的。古人相信死後另有世界，所以要有金銀珠寶、錦衣華服隨葬，當然少不了可供役使的"奴婢"。在商周時以人隨葬或以人獻祭都很普遍，但隨着社會發展，這種風氣已漸漸消失，改為用模仿人的泥塑俑放進墓裡陪葬，秦始皇的兵馬俑就是最著名的陪葬俑。

◀ **商朝社祭意想圖**

商朝的祭祀活動幾乎無所不在。商王和貴族的宮殿、宗廟、住宅在建築開工時，都舉行隆重的奠基儀式，殺戮奴隸作祭品。在江蘇省銅山縣丘灣發現一處祭祀土地神的社祭遺址，在作為社主的四塊大石周圍，有人骨二十具、狗骨十二具，人與狗混合埋葬。奴隸的葬式都是俯身屈膝，而且多是雙手被縛在背後。這是其中一次祭祀的意想復原圖。

▲ **商朝銅器上的虎食人圖案**

商朝青銅器常以一些猙獰可怕的圖案作裝飾，是為了產生震懾人的恐懼感，顯示統治者的權威。這個虎食人圖案，就以抽象而誇張的手法，顯示一種威懾力。

象形文字所見的刑罰舉例

中國文字一字一義，有不少文字是從真實的形象演化而來。看看文字的最原始形態，可以約略猜出它的意義來。

象形文字	漢字	解釋
	幸	古代的手銬
	執	把雙手用"幸"銬起來
	劓	用刀割掉鼻子
	伐	用戈砍掉人頭
	刖	鋸去一隻腳

鞏固王權的分封運動

在商朝的封國中，以農業著稱的周族勢力最強大，佔據黃河中游關中地區的沃土，吸納周邊民族，組成與商朝對抗的政治聯盟。公元前1046年，周族一舉滅商，建立周朝，建都鎬京(今西安)。開始了西安作為千年古都的歷史。

周朝是強調宗親血緣政治的王朝。周王除直接管轄都城周圍的王畿之地外，在新佔領的土地進行大規模的分封。周王根據受封者與自己血緣關係的親疏，授封土地和人口，建立諸侯國。全國授封大小諸侯國數百個：周王的同姓宗親封國最大、最多，其次是異姓功臣的封國，這兩類佔據了東方、中原和長江中下游的農業富庶地區，既得天然地利，又形成拱衛都城的軍事屏障。另外列入封國的有夏、商朝王室後裔和歸附的邊疆部族，封地多是邊遠或貧瘠之地。周朝分封強調普天之下莫非王土的新意念，利用分封強化自上而下的關係，與商朝的性質不完全相同。此外周王還授予諸侯特定的官服和象徵軍權的兵器。諸侯也要與周王舉行祭祀典禮，訂立盟誓，通過神聖的禮儀確立君臣關係。這種分封制與歐洲中世紀的封建制度有近似之處，諸侯國要對周王承擔鎮守疆土、出兵勤王、交納貢賦等義務。周王室還通過與異姓諸侯聯姻，將所有貴族納入宗親的範圍中，加強周王室的政治勢力。

▲ 周初諸侯國分佈圖

周初分封諸侯國七十一個，其中五十三個屬於周王宗親的大諸侯國。以後又大規模分封，號稱八百諸侯歸附周王。分封運動極大地開拓了周朝的疆域，向北擴大到燕山，向東擴大到山東和江蘇的沿海，向南到達長江沿岸。

▼ 周原

周族佔據關中平原的周原，面積約5000平方公里，地勢高敞平坦，土層深厚而肥沃，河道縱橫，《詩經》讚美説：肥沃的周原，使本來性苦的野菜，長出來也是甜的。尚農的周族在這裡如魚得水，依靠農業，儲備了征伐商朝的經濟實力。

▲ 稷

周族以種植稷為主，他們的農官稱"稷"。稷是小米的一個品種，顆粒大而飽滿，耐旱力強，適宜在黃土高原生長，產量高，是北方最主要的農作物。此外周族還引入大豆種植，可使人體吸收必需的蛋白質。穀物和大豆合理的食品搭配，使中國農耕地區的人從農作物中就解決體質的需求，而沒有像遊牧民族以肉食為主吸收蛋白質的飲食習慣。

同時，各諸侯也紛紛仿效周王，在自己的封國內分封宗親貴族，使他們得到封邑，成為卿、大夫。而卿、大夫又繼續分封最低一級的士。形成自上而下的層層分封，使社會等級制度建立起來，實現了周王朝家天下的統治，周王真正成為國家的主宰。這是周朝政治制度超越商朝的重大進步。但是後來周王衰微，諸侯坐大，引發了列強爭霸四百年的混戰局面。

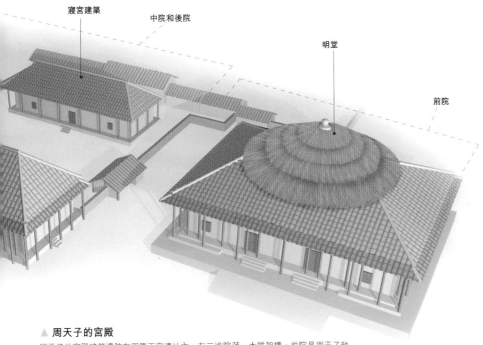

▲ 周天子的宮殿
周天子的宮殿建築遺跡在周原王宮遺址內。有三進院落，木質架構。前院是周天子執政的殿堂，有圓形重屋頂，室內明亮，稱明堂，也是規格最高的建築。中院和後院是周王的寢宮，嚴格按照禮制規定的"前朝後寢"的格局建造。

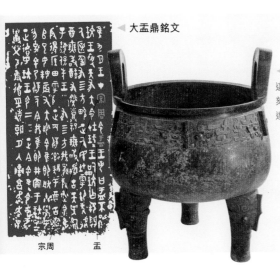

◀ 大盂鼎銘文

▶ 大盂鼎
這是西周著名的禮儀重器。鼎內有銘刻了文章，記載了周立國的艱辛，表達了周王對宗親的信任與依賴。

▶ 鳳鳥紋玉飾
商人崇尚燕子，周人則崇尚鳳鳥，因此周人的玉珮和銅器上的紋飾，很多都以鳳鳥為主題。

禮制化的社會新秩序

周王親眼看到天神並沒有為商朝保住國家社稷，不再相信神權政治。於是周朝創立了嶄新的禮制化、等級嚴密的社會秩序來規範和治理國家，以確保王權至上的地位。

這是宗親貴族當家作主的時代。周王利用宗法制度，嚴格確立從國家到每個家族內的嫡庶、長幼、尊卑之序。嫡長子為大宗，以下的餘子為小宗，小宗必須絕對服從大宗，由此確立了王位的嫡長子繼承制的法統地位。周王是天下大宗，作為諸侯國的共主，稱為"周天子"。與周天子同姓的姬姓宗親是小宗，分封為諸侯。但他們在封國內又是同族的大宗。

這樣，天子、諸侯是貴族最高階層，卿、大夫是貴族中等階層，士是貴族最低階層，以下是眾多的平民和奴隸，構成金字塔式的社會結構。周朝還制訂了繁縟而精緻的周禮，根據每個人的階層和等級，從衣、食、住、行到舉止行為全面加以區別和制約，任何人不得逾越這套無處不在的禮制。

整個社會的階層、官職和爵位都是世襲的，周禮維護了世代延續的貴族世家利益。而小農家庭在禮制有序的年代裡得到衣食，社會秩序相對穩定。因此，從夏、商以來對國王集權的國家架構不斷探索，到周朝才真正完善起來。這套早熟的貴族王朝體制和社會秩序，非常適合重視家族血緣和禮儀的農耕社會，在周朝延續長達八百年。尤其受到孔子和儒家的推崇，以後始終貫穿在幾千年的大一統的帝國制度中，更對延續中國人的倫理道德至關重要，周禮的遺風至今在廣大農村尚存。當然，中國人也為此背負了沉重的精神桎梏。

❷

❶

▲ **召公鼎**

中國的青銅器主要做成禮器。九鼎是國家和周王權力的象徵，被供奉在都城宗廟中最顯赫的位置，只有周王舉行重大國家典禮時才能使用，是周朝最神聖的禮器。這個鼎屬於周成王的叔父召公，召公地位僅次於周王。這是至今所知地位最高的鼎，形制估計與周王的鼎十分接近。

▲ **簋**

這是用來盛放糧食的器皿，與鼎配套，是禮儀重器之一。用簋數目有限制，天子用八簋，諸侯、大夫、士以偶數遞減。這個簋是周厲王為祭祀先王而製，是唯一可知的周王禮器。

◀ **鬲**

禮器是用於祭祀宴會等禮儀活動的器皿。鬲與鼎一樣，是用來烹煮肉食的。這件鬲則是諸侯王對貴族的賞賜之物。

▼ **盤**

這是在舉行重要禮儀活動前的洗手器。

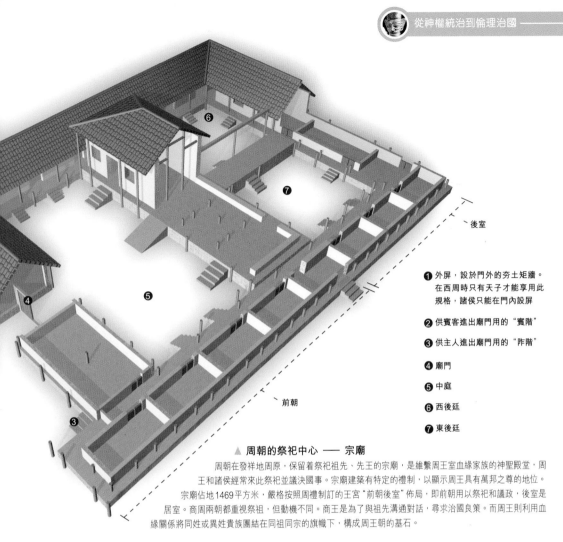

① 外屏，設於門外的夯土矩牆。在西周時只有天子才能享用此規格，諸侯只能在門內設屏

② 供賓客進出廟門用的 "賓階"

③ 供主人進出廟門用的 "阼階"

④ 廟門

⑤ 中庭

⑥ 西後廷

⑦ 東後廷

▲ 周朝的祭祀中心 —— 宗廟

周朝在發祥地周原，保留着祭祀祖先、先王的宗廟，是維繫周王室血緣家族的神聖殿堂，周王和諸侯經常來此祭祀並議決國事。宗廟建築有特定的禮制，以顯示周王具有萬邦之尊的地位。

宗廟佔地1469平方米，嚴格按照周禮制訂的王宮 "前朝後室" 佈局，即前朝用以祭祀和議政，後室是居室。商周兩朝都重視祭祖，但動機不同。商王是為了與祖先溝通對話，尋求治國良策。而周王則利用血緣關係將同姓或異姓貴族團結在同祖同宗的旗幟下，構成周王朝的基石。

▲ 觥

禮儀用器中，屬於酒器的很多，觥是其中一種，此外還有壺、罍、盉、卣、爵、觚、勺等。這件觥是一位周朝王臣的祭祀用器，裝飾很講究，蓋造成龍頭形，器身上也有龍紋和獸紋。

▲ 分封制與宗法制關係圖

貴族與平民的兩個世界

周朝貴族在禮制的籠罩之下，優越顯赫的地位使他們飽享無微不至的特權和富足，也承擔着不可推卸的義務。舉行各種禮儀是他們最重要的日常活動，也是必修課，以此表達自己對於祖先、周王和國家的忠誠，省視道德行為是否符合禮制。貴族的衣食住行、生老病死，都受到金字塔式的等級約束，也是每個貴族身分的標誌。任何逾越的行為，都被視為大逆不道。

與西周社會大致相似的古埃及、印度雅利安等國，也都為培育貴族階層而制訂各種等級禮制，使貴族更具優越感。但是，周朝貴族生活得更加精緻和理性。"鐘鳴鼎食"的貴族宴會，是重要的禮儀場合，在典禮上將各種青銅禮器盛滿酒肉，貴族伴隨着舞樂之聲，飲酒助興。地位越高的貴族，享用的青銅禮器越多、形體越大。表演的音樂和舞蹈，是專門為貴族創作的禮樂 —— 雅樂，從樂曲、舞蹈，到樂器品種和數量，也有禮制規範。這套一成不變的禮儀形式，使貴族之間的尊卑一目了然，大大減少了上層社會的競爭與衝突。

周禮也約束着社會下層的人。居住在城裡的平民，是與諸侯公卿血緣疏遠的族人，稱為"國人"，他們擁有議論國政的權利和出征

▲ **周朝的貴族形象**
周朝各階層按身分及官職穿着不同的服裝，從冠冕、衣服、鞋，到隨身佩戴的玉飾，都有規定的款式和顏色。周人的冠帽比商朝的高，有些竟然比人頭高兩倍，這位貴族穿戴的應是其中一種冠帽。

▶ **陶罐**
相比於貴族，平民的飲食極為簡單，飲食器具也以陶質為主。

▶ **編鐘的懸掛方法**

▼ **諸侯使用的編鐘**
編鐘是周禮中重要的禮樂器，在典禮上演奏雅樂之用。不同等級的貴族，享用編鐘的數量有嚴格限制。

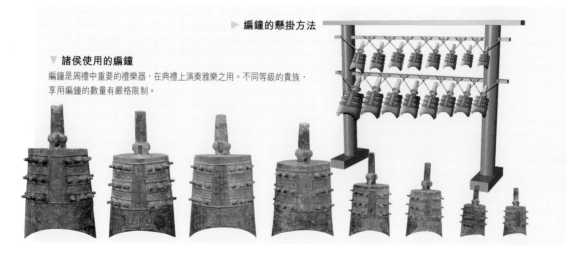

作戰的資格，是周王鞏固政權必須依靠的力量。居住在城外鄉野的平民，稱為"野人"，是被周朝征服的土著居民和商朝遺民。他們從事繁重的農業生產，收穫後向國家交稅，不得參與政治和軍隊，但屬於自由人。奴隸生活在社會最底層，沒有人身自由，可以被隨意買賣。但是商朝隨意殺戮和殉葬奴隸的現象到此已經逐漸消失了。

周朝創造的禮制籠罩着社會的每一個人，無論貴族還是平民，都必須將忠誠、順從、虔敬、孝悌的倫理觀念滲透在血脈中，這就是周禮的真諦所在。

中國人與筷子

用筷子進食是中國人傳統的飲食習慣。早在商周時期，飲食器洋洋大觀，筷子也已經出現，據記載，商朝紂王是使用象牙筷子的。究竟筷子是怎樣發明的？較合理的推測是自原始人類懂得用火後，要把烤熟的食物撕開來吃，最初用兩根樹枝助餐，後來演變為運用槓桿原理的筷子。中國人以米飯和蔬菜為主食，適宜用筷子，但西方人吃肉和麵包，用刀叉則方便多了。

▶ 旂觥

飲酒器是重要禮器。周朝汲取了商朝酗酒誤國的教訓，周初嚴格禁止貴族飲酒。因此，青銅禮器中重食器、輕酒器的傳統確立下來。食器品種和數量大增，酒器數量銳減。
酒器講究精美華麗，以適應禮儀場合溫文爾雅的氣氛。這件觥做成獸形，頭部有獸角，全身由大獸面紋和夔龍紋組成，是周朝酒器的新品種。

▶ 筒瓦

當時宮殿流行四坡式屋頂，是用縱架與斜檁配合的木構架建成。瓦頂和磚牆的技術也很成熟，使建築既美觀，又堅實。

▼ 貴族的居室

貴族居住的宮室，面積很大，建築闊達5.6米。

◀ 平民的房屋

周朝平民的房屋十分簡陋，比原始社會的房屋沒有進步多少。多為半地穴式的夯土屋，距地面深1～3米，面積7～10平方米。牆壁塗有黃土細泥，地面用火燒烤得平整而堅硬，屋內有火灶和存放糧食的窖穴。

商朝的封國與方國

商朝對地方的管理和控制，遠沒有達到周朝的完善程度。商王作為天下共主，將勢力所及的地方分為內服、外服，服內有大小封國，他們與商王的關係較為密切；勢力稍不及的周邊地區則有方國，他們與商朝若即若離。

劃分"內服"和"外服"，表示中央與地方的行政等級。內服包括都城王畿地區和邊疆軍事要地，商王將同姓宗親封到王畿，保衛王室。外服劃分"四土"，設置官制，按官職稱為侯、伯、子、男，構成貴族的高低階層。外服地區多是被商朝征服的小國或部落，也被封國。商王根據封國的大小，授予首領相應的官職。這些封國負責戍守邊疆，隨王征戰，為王墾田農耕，完成商王指派的各種雜役，向商王繳納貢賦等。為了拱衛疆土防禦外敵，商王還在邊疆重要的軍事據點冊封封國，東部有山東蘇埠屯，南部有湖北盤龍城，北部有河北邢國等，由商王

▲ 醜亞鉞

醜是商朝冊封的異姓貴族，封國在今山東青州的蘇埠屯，是商朝在東方的重要據點。這是君主在禮儀大典上使用的兵器，雕鏤人面，雙目圓睜，齜牙咧嘴，形象猙獰，具有威懾作用。擁有此器的君主，可以代表商王行使征伐大權。

的同姓貴族或有戰功的異姓貴族管理這些封國。但是，商王對外服地區的控制並不嚴密，各封國有相當大的自治權，或自主聯合，或相互發動戰爭，對王權構成潛在的威脅。

此外，在商朝周邊還有很多關係比較疏遠的方國，他們或是獨霸一方的少數民族部落，或是與商朝若即若離的異姓諸侯國。商朝與方國之間戰事頻繁，武功顯赫的商王武丁在位的五十九年中，與商朝交戰過的方國或部落就達七十個，主要強敵來自北方和西北方的遊牧民族。而南方又有經濟發達的方國逐漸強盛起來，鄱陽湖的新淦方國和四川成都平原的蜀方，都是積極吸納中原先進文明的地方勢力。

▶ 金銅面具

擁有以金箔裝飾的人面具可以與神靈溝通。這是蜀王在舉行祭祀大典中獻給神靈的禮器，應是蜀人祖先的形象。在蜀方祭祀坑中發現大量的青銅面具，以金箔裝飾的很少，更顯擁有者的尊貴。

高冠

右衽長袍

◀ 巫師立像

蜀方同商朝一樣，具有高度發達的青銅文明，重視祖先崇拜和祭祀。這是在蜀方祭祀坑出土的青銅巫師像，高 1.7 米，象徵 "群巫之長"，正在指揮盛大的祭祀場面。因蜀方也實行神權與王權合一的統治，應當就是蜀王的形象。祭祀坑還出土大量金器、玉器和青銅器，都是奉獻給神靈的禮器。但是，他們並沒有殉人祭祀的現象，比商朝的禮制更加文明。

腳環

▶ 大玉戈

盤龍城位於湖北省黃陂縣，是商朝南下拓邊的橋頭堡，也是邊界的軍事要地。附近盛產銅礦，這裡又成為供應商王室銅礦資源的據點。商王通過在此封國，加強了對長江流域的控制。戈是商朝的主要兵器，這件盤龍城出土的玉戈，雖然是儀式性的用具，但也反映出盤龍城在當時的軍事地位。

▲ 虎逐羊科

鬼方是商朝西北最強的方國，商朝與鬼方戰爭的規模最大，持續時間最長，經過長期征伐，鬼方曾一度成為商朝的盟國。這是一件挹酒的器具，以動物裝飾，具有少數民族色彩。

▲ 雙尾虎

鄱陽湖的新淦方國是政治上追隨商朝的方國，國力與商朝相當，並有發達的宗教禮儀。許多青銅禮器以虎裝飾，這件青銅雙尾虎應當是氏族崇拜的圖騰。

▼ 商朝重要的封國與方國位置圖

鬼方

羌方

黃 河

安陽

蘇埠屯

鄭州

盤龍城

蜀方

長 江

封國　方國

新淦

禮制下的諸侯國

周朝建立了較商朝完整的分封體制，在"普天之下，莫非王土"的前提下，把全國土地分封予諸侯。與周王血脈相連的諸侯國，在自己的封國內建立與中央相配的國家體制，有同王室一樣的國君、官員、都城、宗廟、臣民和疆域，還具有相對的獨立性和自治權。周王為了強化對諸侯國的制約，提倡"敬德保民"，以周禮治國，所有權利和義務都有明確的規定，上下尊卑有序，這是周朝統治比商朝高明的地方。

周朝的諸侯國與歐洲中世紀封建制下的城堡體系十分相似。周王配合國土分封制，將全國的國民分為階層和等級。對王族、功臣和官員授予爵位，有公、侯、伯、子、男五等。諸侯以封國大小而定爵位，也在封國內層層授爵。周禮規定，諸侯國的國土和人口分為三等，城市佈局、城牆、宮室、宗廟、街道都有嚴格

▲ 諸侯國太子的玉人佩飾

周朝貴族都佩戴玉飾，諸侯國虢國的太子的身分與卿大夫相等，所佩的玉飾為蹲踞的人形，以人龍合體作裝飾，在周朝很流行。

▼ 虢國列鼎之一

周禮規定周王之禮數是"九"；諸侯禮數是七，其宮室、車旗、禮器都以七為禮。虢國國君屬公侯級，隨葬的禮器都是七件為一套，這是一套七件青銅列鼎之一。

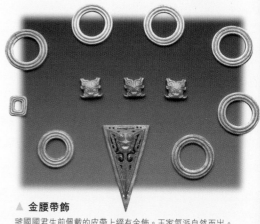

▲ 金腰帶飾

虢國國君生前佩戴的皮帶上綴有金飾。王家氣派自然而出。

規定，包括諸侯在內的各級官吏、貴族和平民的居室形式、服裝式樣、出行馬車數量、祭祀禮器、陵墓葬制等，都由周禮層層規範。一旦發生逾越禮制的現象，將被視為背叛周王，要受到周王以及眾諸侯的討伐或封殺。每個諸侯國的都城中，還建立供奉諸侯祖先的神聖宗廟，全諸侯國的臣民都祭祀拜謁，以此維繫君主與臣民之間的準宗親關係。

在全國，與周王室血緣越親密、距離王畿越近的諸侯國，受周禮影響較深，一般較守禮制；而邊遠地區的異姓諸侯國，與少數民族融合，禮制觀念比較淡薄，時有逾越禮制的混亂現象。

◀ 諸侯的玉面飾

玉被認為是自然界的精華，能夠使屍體不腐，因此統治階層用玉器殉葬成為禮制的一部分。這組仿人的面部特徵特製的玉件，綴聯在一塊布帛上，蓋在虢國國君的面部，古代稱為幎目。

▲ 虢國國君墓復原圖

虢國是周王分封的同姓諸侯國，封邑在王畿區內，與周王關係密切。國君是最高等級的公，地位僅次於周王，在執行禮制上比其他封國更嚴格。在國君虢季的墓室中，發現五千多件隨葬品，以銅器和玉器為主，全部隨葬品的種類和位置與周禮完全相符。

▼ 七璜聯珠組玉珮

虢季佩戴的大型組玉珮，由七璜組成，代表諸侯國君的高貴身分。其夫人佩戴五璜連珠玉珮，而太子和其他高級貴族都沒有佩戴。周禮規定，僅限於有封號的諸侯和高級貴族佩戴玉珮，周天子的組玉珮用黑色絲帶串連，諸侯用紅色的絲帶串連。

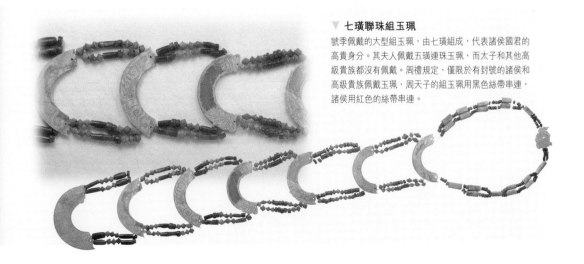

商周共主的戰車部隊

商朝時，國家還沒有正規的常備軍，國王身邊只有數百人的王室衛隊。一旦發生戰爭，國王臨時集結各諸侯國的族人出征作戰，戰爭結束後，他們仍然回家勞動。重大戰役都由商王親自率軍出征，參戰最多可達萬餘人，最長的戰爭耗時達三年。

直到周朝才建立起中國第一支常備軍，兵力約四萬二千人，直屬周王。平時駐守在都城鎬京有六師、成周洛邑有八師，每師有兵力三千人，以後增加到二十二師。周王在征伐時，除了中央常備軍參戰外，還要徵召諸侯國和王臣的軍隊。為了防止諸侯勢力坐大，地方軍隊的兵力有嚴格限制。各諸侯國不得隨意出兵征伐，必須服從周王的調遣。

▲ **商朝獸面紋胄**
車戰時代，車兵站於車上，目標明顯，較難躲避攻擊，商朝已經出現了各種防護裝備。這件青銅胄可保護頭部，是江西新淦方國國君或高級將領的防護裝備。

▶ **車戰基本陣式示意圖**
車戰基本陣式以五輛車為一個編隊，有車兵十五人，步兵十五人，分成中、左、右三組。中組三輛車在前，縱列衝擊敵方，左、右組各一輛車在後，分為兩翼，策應攻擊。

▲ **銅骹玉矛頭**
矛也是商周車兵的主要武器。這矛頭用銅與玉合製，不是實用兵器，是象徵權力的儀仗性禮器。

▶ **銅戟**
戟是矛與戈結合的格鬥兵器，兼有橫擊和砍刺的功能。

▶ **柳葉狀銅劍**
劍是周朝發明的武器，它在車兵下車搏鬥時發揮重要作用，也是後世短兵器的主要器類。

商周時代，戰爭的中心一直在黃河中下游廣闊的平原地帶，那裡特別適合戰車馳騁，所以車戰盛行，大戰役的戰車達到三千乘。車兵是主要兵種，步兵是輔助兵種，與車兵配合作戰。

在兵源方面，在當時的貴族社會裡，軍人是高尚的職業，野人、商人和奴隸沒有資格參戰。常備軍多來自貴族下層的"士"，而臨時參戰的國人，平時耕種，戰時打仗。由於車戰對軍人的素質要求很高，平時國人通過學校教育和軍事演習進行訓練，同時還接受禮制教育，使軍人既知禮，又善戰。

當時的車戰是一種貴族式的戰爭，軍陣有一成不變的陣式，擊鼓為號，發動攻擊。交戰時雙方都保持禮儀風度，崇尚勇武和信義，輕蔑狡詐和懦弱。這種不講謀略兵法，講究道德和武力，是禮制競技化的戰爭，與中世紀歐洲的騎士精神極其相似。到春秋戰國時代，貴族精神的戰爭已經蕩然無存了。

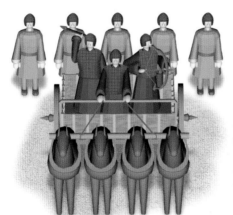

◀ **戰車兵士配置圖**

每輛戰車配備三人，左是弓箭手，右是攻擊手，持戈或矛，中間一人是駕車的馭手。車兵頭戴青銅胄，身披皮甲，裝備精良，而且每人都經過嚴格訓練，可以在奔馳的車上戰鬥。步兵與車兵配合作戰，車兵在前衝鋒陷陣，將敵軍擊落車下，步兵隨後斬殺。

▲ **銅戈**

商周軍隊大量使用適宜車戰的青銅武器，戈是車戰中的常規武器，戈裝上柄使用，屬長兵器。這件銅戈是商王武丁后妃婦好的兵器，婦好是商朝赫赫有名的大將軍。

▶ **車馬坑**

這是一座周朝大型墓葬的附屬部分，有一輛四馬戰車和一輛兩馬座車。周朝的戰車比商朝的更精良堅固。高、長、寬有嚴格的尺寸標準，且上落方便、行進穩快、在澤地行駛不沾泥。

青銅業帶來的生機

夏商周三朝，在鞏固王權的政治革命過程中，還進入了一場技術革命，由石器時代進入了金屬時代，這是農業革命以來的又一次飛躍，輝煌的青銅文明使中國一躍而進入世界的前列。

青銅的發明和使用，被視為文明進程的重要標誌。邦國時代只能製造小型銅工具，夏朝已能冶鑄青銅容器，這是由王室壟斷的尖端技術，並未在各地傳播。商朝的王室和勢力強大的諸侯國、方國都開始冶鑄相當精美的青銅器，產品以禮器和兵器為主，其中不少還具有神秘色彩。周朝進入青銅業的鼎盛期，原來由王室壟斷的青銅業向貴族擴展，不僅都城內有大規模的銅器作坊，連地位不高的諸侯和卿大夫也可以自鑄銅器。青銅業分佈相當廣泛，產品從傳統的禮器和兵器擴大到工具、農具和生活用品等領域，青銅器的神秘色彩也逐漸淡化，風格變得較人文化。青銅器盛行，為貴族階層享受精緻典雅的禮制生活，提供了物質基礎。

▶ **商朝的禮器 —— 四羊方尊**
商周時期，人們對青銅器非常珍視，把它作為祭祀和禮制的主要用器。商人喜歡飲酒，所鑄的青銅器以飲酒器具為主。這是盛酒的禮器，紋飾繁縟，有高浮雕的裝飾，突出的羊首造型生動逼真，是商朝青銅鑄造工藝的傑出代表。

▶ **周朝禮器 —— 彧簋**
簋是盛器，配合鼎組成禮器的主件。周朝青銅器的種類與商朝不同，商朝的銅器中較多酒器，周朝則較多食器，可能是與周人汲取商人好酒亡國的教訓有關。

▶ **鴨形的銅盉**
這件酒器仿鴨型，鴨尾上有一圓雕銅人站立，此外亦有其他細節裝飾，可見工匠的心思。而器皿呈青綠色，光潔明亮。

▶ **以自鎖法鑄成的簋**
這個簋是用裝嵌的方式把簋耳鑄合起來。鑄造簋身時，在與簋耳連接的位置鑄有凸出的鎖釘，再把簋耳套上去，鑄接鎖緊，這樣便不易鬆脫。

▶ **以鑄焊鉚法製造的甗**
甗鬲是用來蒸煮食物的炊器，分兩層，上層用來盛放食物，下層注水。上下兩部分分開鑄造，完成後才用鑄焊的方法接駁而成。

先進的青銅工具激發百業俱興。發達的手工業又做成周朝一個特殊的階層 —— 專門從事貿易的商人出現了。大都市中建有官方市場，商人一律在市場內交易商品，並由王室官員監督和徵收商稅。商品流通到各諸侯國和方國，甚至有一條商路通向西域的中亞地區，是漢唐絲綢之路的前身。

但是，商周時期商人的命運與歐洲希臘、羅馬大不相同，歐洲商人是體面的職業。而商周以來，在以農為"本"的社會裡，商人被視為"末"業，處於社會的最底層，鄙視為自私、詭計之人。周禮規定，商人沒有議政和參軍的資格，地位與野人相當。這種"重農抑商"的觀念，對後世影響深遠。

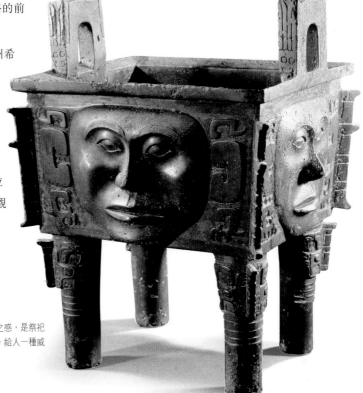

▶ **商朝禮器 —— 人面紋方鼎**
用人面紋裝飾的青銅鼎，有威嚴和沉重之感，是祭祀山川河流的禮器。人面表情堅毅而冷峻，給人一種威懾力，應當是巫師或天神的形象。

◀ **提柄酒壺**
西周青銅冶鑄技術出現許多新工藝，酒壺多有提柄，工藝要求相當高。

▶ **貴婦的化妝盒**
這是周朝諸侯國虢國國君夫人的化妝盒。周朝的青銅器產品已更廣泛地應用到日常生活領域。

貴族壟斷的文字

自商朝的國王極度依賴巫師用文字記述的占卜辭治國理政以後，巫師在創造漢字的歷程中發揮了巨大的、無可替代的作用，中國人從此進入了漢字記事的時代。這種象形文字是中國深厚文化的載體，綿延數千年。直至今日，天南海北的中國人，儘管語音千差萬別，仍可以無阻隔地以漢字溝通。

商朝的文字完全由王室的巫師壟斷，大多鑴刻在龜甲、牛、羊等動物骨上，記載了巫師占卜的內容，稱為“甲骨文”。迄今已發現的甲骨文卜辭有十六萬片以上，總共四千多字，能夠識別的有一千字。記載的國家大事有祭祀、田獵、征伐、天象和農業等；小事有商王耳鳴、牙痛等。

甲骨文與拼音文字有很大差別，巫師運用象形、會意、形聲、假借四種造字方法，用來記錄相當繁雜的事物，顯示了高度的智慧和組織能力。甲骨文只限於祭祀占卜中使用，掌握它的人必定是王室的精英人才。由於掌握

▲ **金文的族徽**
書寫金文首先用毛筆反寫在鑄造青銅器的內範上，然後用雕刀契刻，澆鑄銅器時便鑄成正寫的銘文。這是其中一個刻在鼎上的圖案，估計應是族徽。對座的兩人之下有“父癸”二字，是祭祀對象的名字。

▶ **甲骨文中的鳥字**
甲骨文是現今所知最古又初具體系的文字。大部分甲骨文都有象形的特點，好像這個“鳥”字，非常具象地摹繪出一隻鳥的形貌。

甲骨文字形舉例

商朝創造了象形、會意、形聲、假借四種造字方法，象形是最基本的造字方法，輔以會意、形聲和假借字等。以形聲字最為進步，克服了象形和會意兩種造字法的局限性，用聲符來注音，能夠造出無窮的新字，今天的漢字絕大多數是形聲字。在甲骨文中，象形字佔37%，會意字約佔40%，形聲字只佔18%。而在金文中，形聲字已經佔了70%以上。

象形字	會意字	形聲字	假借字
日 	明	盂	我
圓形代表太陽，中間一劃或是書寫時的習慣，用以區分不同的字	日和月都會發出光輝，把兩個字合起來表示光亮	上部表音，是個“于”字，下部表意，形如盛器	原指有柄的鋸，與用來指稱自己的“我”，意義完全無關，是同音借用

▲ **商朝的甲骨刻辭檔案**
商朝都城殷墟出土。正面和背面共刻一百六十字，內容記載商王祭祀父王武丁，並乘車狩獵等事。卜辭多是先用刀刻出字體，然後用毛筆蘸墨或紅色顏料填寫。這塊刻辭則是直接用毛筆書寫的，字體蒼勁有力。

這種形音義兼備的文字有相當的難度，從此注定了漢字是世界上最難學的文字的命運。至於二千多年以後，隨着隋唐帝國的強盛，漢字對東亞諸國文字產生了巨大影響，這是漢字創造者沒有預料的。

商朝後期，青銅禮器上開始鑄刻銘文，稱為"金文"。周朝的金文又成為禮制的重要工具，禮器上的長篇銘文驟然增多，百字以上的很常見。銘文內容多涉及政治、軍事和社會制度，尤其大量記載周王分封與賞賜、各國戰爭、土地交易、經濟案件等，實際是周王室和貴族的家族檔案庫。

當然，漢字為周朝確立和傳播倫理道德，發揮了巨大的作用。西周只有官府學校，可謂真正的貴族教育，學生要通過必修課 —— 周禮，必須掌握文字。因此與商朝一樣，文字仍然屬於貴族階層智力交流的專利，無法在沒有資格接受教育的平民中傳播。

漢字構造基本法 —— 六書

由於漢字構造的特殊，由商周到東漢，研究文字的學者歸納出六種漢字的創造和構成的法則，稱為"六書"。六書分別是指事、象形、會意、形聲、轉注、假借。指事和象形指在字形上表現出直觀的事理（如"上、下"）和物體（如"日、月"）；會意是指用兩個或以上的字組合以表意（如"武"是"止"和"戈"）；形聲指字體由表義和表音兩部分構成（如"江"）；轉注是把意義相同的字互相借用；假借是指借用同音的字替代那些不易在字形上表現的字義。

◀ **金文中的鳥字**
金文已慢慢脫離甲骨文那種圖形風格，寫法雖仍有許多變化，但漸趨固定。周朝金文字體多呈長方或圓扁形，以圓勻、規整的筆劃寫成。這個是金文中的"鳥"字，寫法遠較甲骨文抽象。

▶ **周朝的匐鴨銅盉銘文**
這是周朝中期禮器，銘文字體是流行的"玉箸體"，圓潤優美，完全擺脫了甲骨之風。

◀ **史牆盤**
這是一位周朝貴族為紀念受周王表揚而製作的禮器，銘文二百八十四字，歷述周朝六王的功業，是典型歌功頌德的贊文。

淪落的周天子

公元前770年，是周王朝永記的恥辱年代。昔日位居諸侯共主地位、不可一世的周王，在王室內訌和戎狄入侵的沉重打擊下，被迫放棄都城鎬京，東遷洛邑，史稱東周。周天子號令天下的時代從此一去不復返，開始了中國歷史上最漫長的戰亂時代。

周室勢力衰落後，僵化而刻板的禮制秩序，已經無法束縛諸侯的政治野心，使金字塔式的統治從根基上發生了動搖。東遷後勢力衰微的周王，在諸侯眼中只不過是毫無價值的小擺設，國土不斷遭到蠶食。由於貧窮和軟弱，他不得不放棄天子的尊嚴，蜷縮在都城，勢力範圍只有都城周圍的一、二百里。他只有依附於勢力強大的諸侯國，常年靠借貸度日，地位比三等小諸侯還要卑微。

強大起來的列國諸侯早已不把周王放在眼裡，對支撐周朝根基的《周禮》猛烈的衝擊，繁縟的禮制成為廢紙。他們掙脫周王約束，再也不用

▲ **仿青銅禮器的陶壺**
在周禮崩潰、禮制混亂的狀況下，昔日地位超然的青銅禮器，也改為用陶仿製，專門用於隨葬。

▶ **嵌金銀捲雲紋青銅鼎**
鼎是周禮中位居首位的禮器，東周王室的鼎，已經完全失去了昔日威嚴拘謹的風格，造型也改變了周禮的舊模式，標誌著維繫周王朝命脈的周禮走向衰亡，新興的政治體制即將出現。

祭祀用的九鼎

◀ **鄭國公的祭祀坑**
鄭國是周王室的同姓宗族，深受周王信任，封國與都城鄰近，是周王的護翼。號稱"小霸"的鄭莊公最早反叛周王，與周天子並立"共主"的地位。這是他舉行祭祀大典的祭祀坑，公然享用天子九鼎的最高禮儀規格，顯示自己與周天子平起平坐的尊威。

◀ **鄭國公舉行大典的鼎**

向周王定期納貢和朝覲述職了。首先向周王發難的，竟然是周王的同姓諸侯。他們從祭祀大典到陵墓葬制，都爭相採用周天子的禮儀，肆意擾亂周禮。後來，連周邊的弱小諸侯也紛紛仿效。周王朝精心建立數百年的以宗法血親為核心的社會等級制度，被宗親摧毀了。

以後戰亂紛爭的五百年，是列國爭霸圖強的年代，新興的政治家和哲學家衝破周朝的精神枷鎖，在混亂中尋求新的國家體制和治國之道。

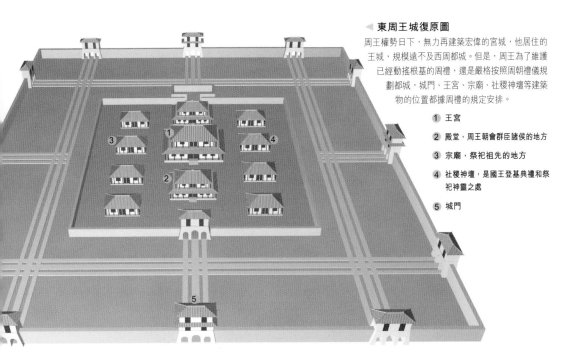

◀ **東周王城復原圖**
周王權勢日下，無力再建築宏偉的宮城，他居住的王城，規模遠不及西周都城。但是，周王為了維護已經動搖根基的周禮，還是嚴格按照周朝禮儀規劃都城，城門、王宮、宗廟、社稷神壇等建築物的位置都據周禮的規定安排。

① 王宮

② 殿堂，周王朝會群臣諸侯的地方

③ 宗廟，祭祀祖先的地方

④ 社稷神壇，是國王登基典禮和祭祀神靈之處

⑤ 城門

▼ **青銅編鐘坑**
編鐘是禮制大典中演奏禮樂的重要樂器，鄭莊公享有一套天子規格的禮樂器。

昂首展翅的鶴

飛龍

▶ **蓮鶴方壺**
這是鄭國君主享用的盛酒禮器。從造型到紋飾，已經完全擺脫了周禮的束縛。設計奇巧，鑄造技藝卓越，開創了新興的藝術風格。只有在自由開放的時代，才能造就這種堪稱時代精神的作品。

吐舌的獸

弱肉強食的世界

▲ 陸軍攻戰場面

這是戰國時代一個銅壺上的攻戰圖，正表現一場攻城場面，城上的士兵在城頭抗擊進攻者，城下的士兵登雲梯攻城。

周室衰落後，命運多難的周王不能再號令天下了，強勢的諸侯也不滿足於光是享用天子的禮儀，他們要爭奪發施號令的權力，初時，他們都有所顧忌，一面打着尊重周王的旗幟，一面爭取成為霸主，實行"挾天子以令諸侯"，慢慢就按捺不住了，楚國諸侯率先撕破面紗，公然稱王。後來，連弱小的諸侯也都稱王，於是群王並起，爭霸戰爭一觸即發。大國不斷攻打弱小的國家，掠奪土地、人口、財富，以至吞併整個國家。在春秋時期的二百四十二年中，發生頗具規模的戰爭達四百八十多次。戰爭的結果是：小國被兼併，大國疆域迅速擴大，周王分封的一百四十多個諸侯國，最終形成了秦、楚、齊、韓、趙、魏、燕七個佔地千里的"超級大國"。戰國時代的七國霸主野心日益膨脹，統一天下是他們的夢想，七雄爭霸天下的戰火繼續燃燒了二百多年。

超級大國的兼併更使戰爭不斷升級，越演越烈。城市的防禦系統成為抵禦敵國進攻的保障，各國競相構築高大的城牆。隨着新兵種 —— 騎兵的出現，大軍團作戰的戰場更加廣闊。北方各國又紛紛沿國境修築了綿延數百里以至上千里的高牆，稱為長城。七國開拓疆土運動像滾雪球一般，越滾越大，國土比西周時擴大了幾倍，為後世秦漢大帝國的版圖疆界奠定了基礎，同時新的國家形式也逐漸展現出它的輪廓來了。

城牆　　護城河

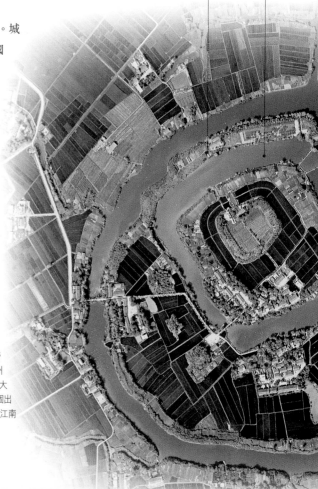

▶ 吳國軍事城堡鳥瞰

戰國構築臨時性的野戰城壘，規模比城池小，適合軍隊野外宿營或長期陣地對峙之用。這是吳國建造的軍事城堡，位於江蘇常州市湖塘鎮。全城總面積78萬平方米，相當於一百零六個足球場大小。以城牆和護城河構成環形的嚴密防線，內外的城牆各開一個出口，護城河的河道互不相通。其佈局體現了軍事防禦功能，適合江南水軍的攻防戰術。

◀ 青銅鑲嵌虎噬鹿屏風插座
這是戰國的時代中山國的製品。中山國是少數民族建立的國家,具有勇悍民風,與周圍的大國長期對峙。這件青銅器塑造成一隻威猛的老虎叼着一隻鹿,呈現了征戰而歸的勝利者形象。

▼ 諸侯兼併的物證 —— 越王勾踐劍

**▶ 諸侯兼併的物證 ——
吳王夫差矛**
春秋時期,長江流域的吳、越、楚三國展開殊死的兼併戰爭,尤其吳越兩國更是世仇。先是吳王夫差攻破越國,俘虜越王勾踐,後來勾踐臥薪嚐膽,蓄積力量,終滅吳國,並把夫差的隨身武器 —— 吳王夫差矛作為戰利品帶回越國。一百年後,越國被楚國滅亡。越王勾踐劍與吳王夫差矛都作為戰利品帶回楚國。這兩件兵器是諸侯爭霸的物證,也是難得一見的寶物。吳、越鑄造的兵器以刃部鋒利、裝飾華麗著稱。兵器表面飾有菱形暗格紋,是經過金屬膏劑塗層工藝,證明中國早在二千五百年前就已掌握這種精湛的表面合金技術。

**▶ 諸侯聯姻的信物 ——
孟姬匜**
諸侯國之間為了爭取可靠的盟友,經常利用聯姻爭取聯盟。男女雙方都出身於貴族。女方為了顯示高貴的身分,由女方的父親傾盡財力製造青銅禮器作為陪嫁,並在禮器上鑄有銘文,鄭重記載兩國聯姻關係。春秋時期蔡國與北方的燕國有政治聯姻,這件在禮儀大典時盛水洗手的禮器,是燕國嫁女到蔡國的嫁妝。

**◀ 被爭奪的青銅禮器 ——
重金絡壺**
在兼併戰爭中,戰勝國除了吞併國土、強佔財富和人口以外,還搶奪都城中象徵地位和權力的青銅禮器。重金絡壺原屬燕國重器,齊國打敗燕國後,成為齊國的戰利品。在壺口和壺足有銘文,記載了此壺在戰亂中輾轉易主的經歷。

大變革的時代潮流

在諸侯爭相稱霸的舞台上，各階層的政治家都乘機登台亮相。從貴族中層的卿大夫到貴族下層的士，甚至國人和野人也不甘寂寞，他們將更加廣泛的社會勢力捲入到政治潮流中，幾乎每個人都在動盪中尋找自己發展的機會。由此引發了各國政變頻繁，各級政權下移，西周數百年建立的統治秩序崩潰了。

在社會混亂中脫穎而出的改革先鋒，推動了無法逆轉的改革大潮。

各諸侯國為了爭霸圖強，衝破了講究家族血緣的舊制度，向各地廣招治國領軍人才，有才華的知識分子跨國大流動，活躍於各國政壇，由此出現了人才輩出的新時代。處於貴族底層的士是最前衛的知識階層，觀念更新很快，他們陸續控制了諸侯和卿大夫的權力，對各國新制度產生了決定性的影響，被新政權視為中堅政治力量。西周時國人與野人之間的等級界限也被打破了，處於社會最底層的野人的政治地位逆轉，各國權貴興起養士之風，大量養士多來源於提高了社會地位的野人。

新興統治者銳意進行社會改革，推行各種新國策。各國的變法運動如同雨後春筍。尤其秦國是七國中最具超前意識的國家，推行全新的國家體制，將國民直接控制在君主的權力之下，並以雄厚的國力成為七國之首，由此奠定了秦國統一中國的基礎。

荊軻　飛擲中的匕首　秦叛將的人頭　秦王政

▲ 刺秦王的客卿荊軻

被各國君主招攬的養士，崇尚"士為己者死"的情操。戰國後期，燕國太子派遣義士荊軻去刺殺秦王政（即秦始皇）。失敗，荊軻被殺，但荊軻作為義士的典型代表則廣為傳頌。

▶ 燕國黃金台招賢場面

戰國七雄，在爭奪和重用人才方面用心至極。當時人才流動頻繁，被跨國任用的一流人才，往往有影響一國興衰的實力。異國人士被選做官，得到卿的爵位，通稱"客卿"。他們活躍於政壇，具有舉足輕重的政治地位。當時，燕國曾經高築招賢台，上置黃金，以招天下賢人。

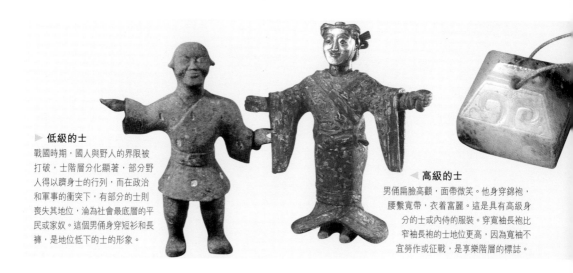

▶ 低級的士

戰國時期，國人與野人的界限被打破，士階層分化顯著，部分野人得以躋身士的行列，而在政治和軍事的衝突下，有部分的士則喪失其地位，淪為社會最底層的平民或家奴。這個男俑身穿短衫和長褲，是地位低下的士的形象。

▶ 高級的士

男俑扁臉高顴，面帶微笑。他身穿錦袍，腰繫寬帶，衣着富麗。這是具有高級身分的士或內侍的服裝。穿寬袖長袍比窄袖長袍的士地位更高，因為寬袖不宜勞作或征戰，是享樂階層的標誌。

戰國時期，七大強國都推行中央集權制度。國君作為一國的主宰，擁有最高的軍政大權，重要命令都由他發出。這是某諸侯國君的印璽。戰國諸侯國君都佩帶印璽，凡有竹簡文書往來，便在封泥上打印，作為國君的憑信。

▼ **變法運動的產物 —— 商鞅方升**

在戰國的變法運動中，秦國的商鞅最成功。他在秦國執政達二十一年，制訂的新法，使秦國一躍成為富強大國。

統一度量衡制並將此作為法律頒佈執行，是商鞅變法的重要內容，可使秦國徵收賦稅得到保障。這是商鞅製造的 1 升容積的標準量器，容積約合 202 毫升。商鞅制訂的標準器一直沿用到秦朝。

新兵種與新戰術

配合新國家形式醞釀的趨勢，列國在爭霸戰爭中，不斷改革軍隊體制和兵種，西周由貴族壟斷的戰爭時代一去不復返了。

戰國時代，為了及時而準確地掌握戰爭主動權，所有將領都由國君親自任免。同時為了擴大兵源，應付大規模的軍團作戰，也打破了由貴族血統的國人壟斷兵役的傳統，衝鋒陷陣的數十萬士兵，多來源於地位低下的窮苦野人和奴隸。這樣，分封制下貴族世襲的兵權被徹底廢除了，戰爭不再是貴族的專利。

兵種的革新是劃時代的變革。商朝以來，一直流行車戰，春秋時期還發明了各類不同功能的戰車，靈活輕便的兩馬拉車在戰場上相當活躍，大國常備的戰車達數千輛，與戰車配套的專門武器更加強了軍隊的整體化和戰鬥力。但隨着春秋晚期主要戰場從開闊平坦、適宜大規模車戰的中原地區，擴展到西北的山林丘壑地帶和東南的河網密佈地帶，戰車的重要性便大大減低，代之而起的是更加適宜快速、遠距離作戰的步兵、騎兵，尤其機動而勇猛的騎兵奔馳於黃河以北直至西北荒漠地區，在戰爭中擔任偵察、奇襲、追擊、迂迴、包圍等作戰任務，成為獨立兵種。步兵、

▲ 授權將軍調兵的虎符

國君為了直接控制軍隊，實行兵符制度。代表國君率兵征戰的將軍，平時沒有調兵權，要取得虎符，才能調動並指揮軍隊。虎符分兩半，各有相同的調兵銘文。平時右半在國君手中，左半在兵營保存。戰時由國君親自發給軍右半虎符，將軍憑此與兵營的左符相合，便可調動軍隊。兵符制度一直延續到秦朝，成為中央集權體制的措施之一。

▶ 戰馬

這是戰國趙王陵的隨葬品，是目前僅見的戰馬形象。趙國長期受到來自北方的匈奴的威脅，趙國國君看到匈奴騎兵在馬上來去自如，戰鬥力驚人，於是將胡人騎兵的服裝引入中原，趙國因而成為最早創建騎兵隊的國家，也是騎兵較發達的國家。

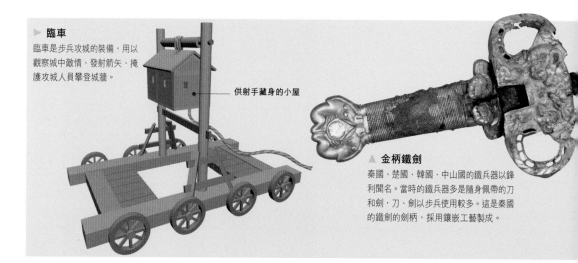

▶ 臨車

臨車是步兵攻城的裝備，用以觀察城中敵情、發射箭矢、掩護攻城人員攀登城牆。

供射手藏身的小屋

▲ 金柄鐵劍

秦國、楚國、韓國、中山國的鐵兵器以鋒利聞名。當時的鐵兵器多是隨身佩帶的刀和劍，刀、劍以步兵使用較多。這是秦國的鐵劍的劍柄，採用鑲嵌工藝製成。

騎兵、車兵混合編隊，協同作戰，成為新的戰爭模式，指揮如此複雜的戰爭已經成為專門的學問，具備豐富的軍事知識和謀略的新一代高級將領從戰火中產生出來，奪取了貴族的軍隊指揮權。西周那種講禮儀的貴族精神的戰爭慣例已被拋棄，各種兵法謀略更是層出不窮，關於攻戰兵略的著作湧現，《孫子兵法》是其中的典範。

在這個鬥智鬥力的征戰時代，掌握軍事發展趨勢，是國家生存及擴展的重要資本。秦國能夠充分發展騎兵這種新式兵種，建立起戰國七雄中最強大的騎兵隊伍，對秦始皇統一天下起着決定性的作用。

▲ 臨淄故城殉馬坑

戰國衡量國家軍事力量的強弱，要根據騎兵數量決定。這是齊國貴族墓葬中的殉馬坑，全長約210米，殉馬六百匹，顯示了"千乘之國"的齊國強盛的國力。

▷ 武士的形象

春秋後期，齊國在國人中選拔身體健壯和熟讀兵法者，終身服兵役。他們與其他人分開居住，世代相傳。這些人原來大多具有"士"的身分，因而成為武士，形成專職征戰的"武士階層"。後來，野人中的優秀人才也被選為終身服役，成為武士階層的一分子。吳起、孫武、孫臏等名將都出身於武士階層。

進箭孔

箭匣，可容箭十九枚

▲ 連發弩機

春秋末戰國初，出現了弩機。弩機是步兵在大兵團作戰時使用的武器，殺傷力大，在戰國時期已很普遍。這部弩機可以一次射出兩枚短箭。

鐵器革命與農業發展

大約公元前2400年，小亞細亞地區發明了最早的鐵器，以後傳播到歐亞大陸。新技術使西方的航海、商業、疆域向更廣闊的領域發展。而中國是後起直追的國家，大約西周至春秋之際（公元前1000年～前600年），黃河中游才初現鐵器，當時被視為貴重金屬，只有少數貴族能夠佩帶鐵劍。

戰國以前，鐵器冶煉採用鍛造技術，每次只能製造一件產品。戰國開始改進冶鐵爐，採用鑄造技術，並使用模具，可以同時成批生產多件產品。冶鐵技術在世界各國都經歷了從低溫鍛造到高溫鑄造的發展階段，歐洲人經歷了長達二千五百年鍛造技術的積累過程，直到中世紀才使用鑄造技術。而中國鍛造技術的起步雖然比歐

▲ 大鐵犁鏵
鐵犁鏵是利用牛力進行深耕的利器，使用Ｖ字形的鐵犁頭，有利於減少耕地時的阻力。它的出現標誌着農業生產進入深耕細作的階段。

▶ 穿有鼻環的耕牛
牛耕是春秋戰國時代先進的農業技術。這是春秋時期晉國的青銅牛尊，牛已穿了鼻環，說明已被牽引從事勞動，幫助農夫耕作。

▶ 鐵舌
春秋戰國的鐵農具大多數是"木心鐵刃"的，即在木器上套一層鐵製的鋒刃，具有高效省力的特點。這件鐵舌是安裝在木舌刃口上的。

◀ 鐵範
中國是世界上最早使用鐵範的國家，這是冶鐵業發達的標誌。戰國以前用的煉鐵爐溫度低，鐵礦石無法充分熔化，只能形成熟鐵塊，需經反覆鍛打才能得到較純的鐵。到了戰國，發明了高達攝氏1300度的鼓風鐵爐，能煉出雜質少的液態鐵水，把鐵水澆鑄到鐵範裡，冷卻後即可成為生鐵鑄件。鐵範可以器形複雜而規範的鐵器，而且可反覆使用。這件鐵範是用來製造鑄鐵斧的，上面刻了字，是官員監造的憑證。

洲晚，但只用了二百年，就完成了劃時代的技術革命的跨越，走在世界的最前列。新技術促使鐵器的成本降低，產量劇增，產品廣泛應用在農業和手工業領域，極大促進了整體經濟的騰飛，中國從此由青銅時代跨入先進的鐵器時代。

　　春秋時期的鐵器以兵器為主。到了戰國時期，七國政府都大力發展適合農田耕作的專用鐵農具。齊國更要求每個農民必備七種鐵農具。鋒利的鐵器取代了石木等低效能的工具，大力提高了深翻土壤、平整土地、開溝起壟、中耕鋤草和收割等主要農作環節的效率，精耕細作成為發展的方向。深翻土地的鐵犁鏵出現後，戰國各國政府還推廣牛耕技術，作為開拓荒地的主力。牛耕與人力耕田相比，效率高三倍。同時，各國也積極發展水利灌溉工程，配合牛耕和鐵農具的使用，農作物的產量大增，甚至有剩餘產品投入消費市場，刺激工商業的發展。

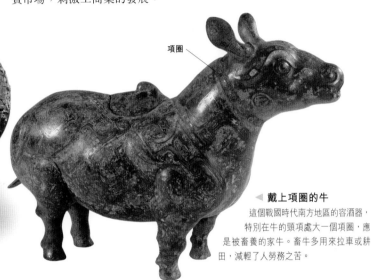

項圈

◀ 戴上項圈的牛
這個戰國時代南方地區的容酒器，特別在牛的頸項處大一個項圈，應是被畜養的家牛。畜牛多用來拉車或耕田，減輕了人勞務之苦。

▶ 都江堰灌溉工程
都江堰是世界上現存歷史最悠久的無壩引水工程，由戰國時期的秦國在公元前250年開鑿。發源於大雪山的岷江，順着四川盆地傾斜地勢沖入成都平原。都江堰不但使成都平原南部免除洪澇之苦，北部旱地得以灌溉，300萬畝土地受益，也促進了水路運輸。

◀ 鐵犁鏵使用示意圖
鐵犁鏵是與牛耕同時出現的，並且是結合耕牛一起使用的，由畜力牽引將泥土翻鬆。

工商業大開放的新趨勢

進入鐵器時代以後，農產品及手工業產品產量增加，有剩餘物資可供市場出售，城市興起商品經濟浪潮。春秋戰國時代，新興的商業城市活躍起來，各國為了富國強兵，都稍改西周時對商業的歧視，重新調整鼓勵商業的政策，強化商業管理。

各國的都城普遍設有多處頗具規模的市場，上至王侯貴族，下至平民百姓，都在市場由貿易。許多西周嚴格禁止的商品，如珠玉珍寶、銅鐵兵器，甚至鐘鼎禮器等都可以在市場出售。

商業繁榮帶來巨大財富，商業利潤保持在百分之三十至五十，工商業稅收成為國家重要的財政收入。交通便利的大城市最先成為

富庶繁榮的工商業中心，戰國時期許多戰爭就是以爭奪這些大城市為目標的。

商人急劇增加，擁有巨額財富的同時，也提高了社會地位，不再是最下等的人了。他們憑藉雄厚的經濟實力操縱行情，壟斷市場，甚至直接參與和影響國家決策。棄農經商的潮流使城市的居民中，工商業者佔有很大比例。城市的風俗和價值觀念發生突變，形成濃厚的好賈趨利風氣，"用貧求富，農不如工，工不如商"。當時民諺説："天下熙熙，皆為利

▲ 郢爰

戰國楚幣，是用黃金鑄造的金版，使用時從金版上切割一塊，根據重量定價。戰國時期，各國銅鑄貨幣標準不一，只有黃金質量均一，價值高而穩定，適宜大宗高額商品的交易，因此成為各國通行的標準貨幣。

舟節，規定運輸船隻
不得超過一百五十艘

車節，規定運輸車輛一次
不得超過五十輛

▶ 天秤與砝碼

這是楚國的衡器。已發現大量楚國天秤或砝碼，説明楚國是商業繁榮的地區之一。

◀ 貿易通行證

戰國時期，各國關卡林立，向商人徵收關稅非常嚴格，對運載的貨物也有限制。這是楚王發給一位大富商的通行證件。有效期是一年，嚴格限制商品種類、通行範圍。在通行證規定範圍內的商品，可以憑證免稅，國家緊缺商品嚴禁出關。

來；天下攘攘，皆為利往。"但是，各國獨立為政，
使商品流通手段 —— 度量衡和貨幣，標準不一，兌換混
亂，也嚴重限制了商業向更廣闊的地域發展。

▶ **鴛鴦形漆盒**
漆器是熱銷商品。這件漆器造型源於現實，又是日
常生活用器。鴛鴦的頭部和身體分別用木雕成，頸
部與身體以鉚連接，可以靈活轉動。

▼ **彩漆木雕座屏**
漆膜對木質器物有防腐和保護作用，使漆器有耐用的優點，故由戰國時期開始，迅
速普及起來。戰國的楚、秦、蜀地是漆器生產的大本營。此漆屏以黑漆為地，透雕
及浮雕出多種動物紋樣裝飾。

◀ **高奴石權**
這是秦昭王三年（公元304年）鑄造的衡
器，秦制重120斤，相當於30.8千克，
主要用於稱糧食。當時，秦國嚴格壟
斷鐵器、糧食、鹽等軍需物資。少量
流入市場流通的物資，政府也要專
買、專賣。

▶ **戰國主要商業都市的分佈**
各國之間的連年戰爭並未割斷使節往
來、軍隊運輸和跨國經商，全國形成
了手工業產品經濟區和商業貿易網。

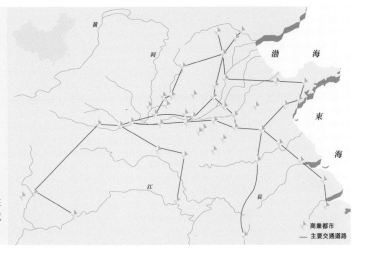

歐亞大陸互動中的東方哲學家

春秋戰國政治變革的浪潮，衝擊了周王室及貴族階層對文化教育的壟斷，使它從深宮走出來，向社會開放，形成空前絕後的"百家爭鳴"的局面。這是歷史上任何朝代都無法超越的思想解放的時代，也是新文化繁榮的標誌。

當時各國秩序混亂，統治者來不及構築完整的統治體系。大批有政治抱負的知識分子活躍穿梭於各國之間，尋求治國真諦，因此帶動了思想大解放。在統治者的支持下，寬鬆的學術環境形成了。以研究學術、傳播思想文化為宗旨的私立學宮成為學者聚集的場所，各種新思潮、新理念、新學派不斷湧現，衝破了固有的禮制等級和民族的界限。

各國學者為了推廣自己的學說，紛紛創辦私學。哲學家與教育家合為一體，著名私學大師創立的哲學流派就有二十多家，其中最有影響力的有儒

▲ 穀紋玉組佩
西周制訂了完整的佩玉禮制，周禮賦予玉器神秘而高貴的內涵。春秋戰國玉器成為君子的化身，並賦予了君子倫理的新內涵，仍是上至國君，下至卿大夫和士階層追求的精神象徵。這是春秋時期魯國貴族佩戴的玉組佩。佩戴時行走可以發出有節奏的聲音，表示君子行為光明磊落。

◀ 春秋戰國著名學派的起源地

▼ 孔子和弟子畫像磚
私學出現，使處於社會下層的野人也有接受教育的機會，圖中是孔子和他的幾位學生，包括顏回和子路。子路就出身於野人階層。

一一 各國界線

家、道家、法家、墨家四大流派，他們站在時代的最前列，議論時政，為統治者設計“治國安邦”的全新國策，尊重人性的尊嚴成為主旋律，以後秦漢大帝國的藍圖就是在新思潮的推動下誕生的。

發生在東方的思想文化高潮，其實是整個歐亞大陸文明帶互動中的一部分。當時從西方到東方的國家，都先後經歷了相似的政治變革和文化運動，偉大的宗教聖人釋迦牟尼、耶穌和中國哲學家孔子，大致都活躍於這一時期，此後作為影響世界東西文化二千年，直至今天和明天的三位大智者，都是歐亞大陸文明騰飛時代孕育出來的。

◀ **稷下學宮圖**

戰國時期，齊國創辦了新興的官學 —— 稷下學宮，集收徒講學、研究學術、參議國政於一體，是一個特殊的教育機構。學宮的主持者是學界泰斗，德高望重。教師不分貴賤，擇優而聘，被授予官爵，兼任國君的謀士，是國君的“智囊團”。此舉為齊國招募了各家各派有謀略的學術精英。稷下學宮因此聲望日隆，是戰國時期文化教育的中心。

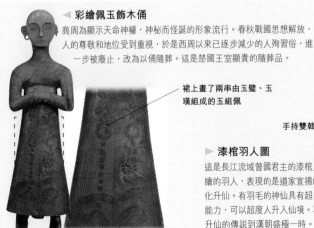

◀ **彩繪佩玉飾木俑**

商周為顯示天命神權，神秘而怪誕的形象流行。春秋戰國思想解放，人的尊敬和地位受到重視，於是西周以來已逐步減少的人殉習俗，進一步被廢止，改為以俑隨葬。這是楚國王室顯貴的隨葬品。

裙上畫了兩串由玉璧、玉璜組成的玉組佩

▶ **漆棺羽人圖**

這是長江流域曾國君主的漆棺上彩繪的羽人，表現的是道家宣揚的羽化升仙。有羽毛的神仙具有超自然能力，可以超度人升入仙境。羽化升仙的傳說到漢朝盛極一時。

手持雙戟

羽翼

鱗片

哲 學 家 與 教 育 家 孔 子

孔子（公元前551年～前479年），是中國第一位以私人身分講學的
教育家。孔子主張每個人不論出身貴賤，都應有平等接受教育的權
利，被尊為"萬世師表"。他重視培養學生高尚的道德品質，宣揚嚴
以責己、忠恕待人、言行一致等自我完善的行為準則。

▼ 祭祀孔子的曲阜孔廟

明朝畫家筆下的孔子和弟子

四方民族邁向融合

周王室衰微後，諸侯大國不斷擴展，勢力伸展到周邊民族地區，許多少數民族相繼被強國吞併，僅南方的楚國就兼併周邊五十多個小國。馳騁的騎兵使各國統治者的眼界更加開闊，更大領土的多民族統一國家的構想萌生出來，並逐步實現。

春秋時期，位於中原的各國自稱"諸夏"，居於四周的大量少數民族部落，按照地域稱為"東夷、南蠻、西戎、北狄"四大部族。由於華夏族傲視周邊民族，顯示居中的地位，自稱"中國"；少數民族居於四方，統稱為"四夷"，形成"華夷五方"格局。這些少數民族有自己獨特的語言、文化、生活習俗和生產方式，文明程度明顯落後於中原。頻繁的戰爭帶給他們苦難，也促進了各民族之間的雜居、通婚、會盟與商業貿易。四夷的政治、經濟和文化在戰火中不斷融合和發展。北方的北狄，東南的于越等民族，學會製造鐵器，並建立了強大的國家；西南的巴、蜀等民族進入了青銅文明。到戰國時期，一部分四夷與華夏已經融為一體，生活習俗、語言文字、倫理更加豐富並趨於一致，形成了人數眾多、地域遼闊的華夏族，這在中國歷史上是劃時代的大事。

這個時期整個歐亞大陸都處於大國兼併各民族的活躍期，羅馬帝國、貴霜帝國和秦漢帝國都孕育在新技術、新政體之中，終於在公元 1 世紀前後爆發出來，世界進入了一個新時代。

▲ 華夷五方的概念

北狄

西戎　華夏　東夷

南蠻

▶ 楚國的神人

神人腰部纏蛇，兩手執龍和兩頭獸，足踏日月，胯下有一條龍。與青銅怪獸一樣，體現着楚人充滿幻想的創造力。

▶ 鑄有神人的銅戈

華夏族概念的成型

繼夏朝之後，聚居於中原地區的民族經歷商朝、周朝，以及春秋戰國的民族大遷徙與大融合，形成一個穩定的民族概念 ——"華夏"，又稱諸夏。在夏商周與周邊地區的交往中，更強化了中原華夏族的本體民族意識。由於文明程度明顯高於周邊地區，因此傲視周邊的民族，稱其為夷，產生了華夷有別的觀念。

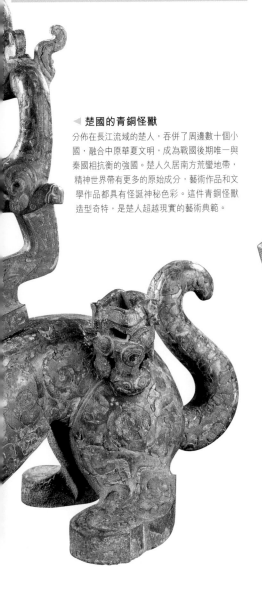

◀ 楚國的青銅怪獸

分佈在長江流域的楚人，吞併了周邊數十個小國，融合中原華夏文明，成為戰國後期唯一與秦國相抗衡的強國。楚人久居南方荒蠻地帶，精神世界帶有更多的原始成分，藝術作品和文學作品都具有怪誕神秘色彩。這件青銅怪獸造型奇特，是楚人超越現實的藝術典範。

▼ 東夷族的青銅酒壺

東夷族生活在瀕臨大海、瀰漫着神仙方術的山東半島，信仰自然界的諸神，又以鳥為他們的圖騰和始祖神。這個青銅酒壺，以飛鳥作裝飾，體現東夷人對鳥的崇拜。

▲ 西南滇族的樂器

春秋戰國在西南地區有數十個語言、風俗不同的部落，生活在滇池的滇族，農耕文明程度最高，勢力最強大，與中原的經濟、文化交流也最密切。牛是滇人賴以耕作的家畜，是家庭財富的象徵。在祭祀禮器和日常用品中有很多牛的形象。這個滇人的葫蘆形樂器，上面也有立體的牛。

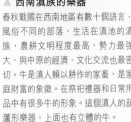

▲ 北狄的鳥啄形金飾

春秋戰國時代的狄族，曾與中原各國不斷發生爭奪地域的戰爭。同時也有密切的政治、經濟、文化交流。這件鳥啄形金飾，顯示出北方民族粗獷而自然的藝術風格。

▶ 南方吳越人的形象

位於長江中下游、東南沿海、嶺南地區以及雲貴高原的眾多部族統稱為"百越"。春秋戰國時代，南方的強國吳國和越國都屬於百越。這人的，全身滿佈紋身，是吳越民族的習俗。

北方民族的強國 ——
北狄中山國

在戰亂的年代，北方草原狄族同西北的匈奴一樣，是燕、趙、魏國的勁敵。狄族根據姓氏分為三大分支，其中白狄鮮虞氏經常大舉進攻中原，爭奪土地和財富，還建立了中山國。中山國大力推廣青銅工具和農具，並掌握了中原最先進的鑄造技術和鑲嵌工藝，創造出精美程度不遜色於中原大國的青銅器，即使在二千多年後的今天看來，也令人驚嘆。

中山國建立在具有先進文明傳統的商人聚居地，周王曾將此作為推行周禮的重點地區。這個特殊的地理位置，造就了遊牧民族與農耕民族的多元素文化的匯合點。中山國並未理會周禮在中原衰落的現實，仍尊奉為國家正宗禮制，

中山王享有完整的周天子的禮器，還在禮器上鑴刻長篇銘文，引用儒學的《詩經》，以表明自己脫胎換骨為華夏正統的決心。

中國各民族的融合是一個複雜和漫長的過程，主要是農業民族與遊牧民族的觀念、性格和習尚都不相同，在融合中不斷產生碰撞，有時甚至是激烈的戰爭。

▲ **鑲嵌鳥紋雙翼獸**
中山國國王生前專用的陳設品，圖案用金銀鑲嵌。獸昂首咆哮，四肢弓屈，兩肋生翼，造型矯健威猛，是史書中記載的龍雀，當為北方民族崇拜的神鳥，與南方楚國神鳥的形象，形成強烈對比。

◀ **兆域圖銅板**

▲ **中山國王陵墓復原圖**
中山國國王是一位傑出的君主，他在位期間（公元前327年～前313年）國力興盛，曾與韓、趙、魏、燕等大國一同稱王。他去世後，中山國衰落。其墓地在河北省平山縣。根據陵墓隨葬的一方兆域圖銅板，可以完全復原陵園建築平面設計圖。陵園平面呈長方形，正中為王陵，左、右為后陵，還有看守陵墓者和墓祭的宮室，以及兩重圍牆。

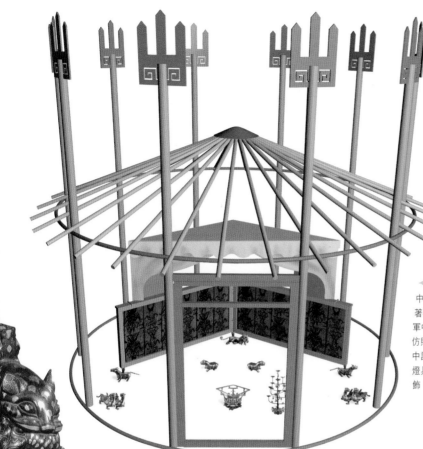

▲ **鑲嵌虎噬鹿屏風插座**

▲ **錯金銀龍鳳方案**

國王宮殿內放置禮器的方案，由四龍、四鳳、四鹿組合而成。龍居四角，托住方形案框。龍鳳造型寫實，以金銀鑲錯花紋，工藝十分精細。全器結構和造型複雜，反映了中山國高超的青銅工藝。

▲ **鐵足大鼎**

中山國國王隨葬的青銅禮器中，最重要有九個升鼎，周禮規定只有周天子才享有這個資格。這是中山國伐燕勝利後，用燕國的銅鑄製的鼎，也是戰國較大的銅鐵合鑄器物。鼎上壁刻有文字，記載了中山國伐燕的史實。

勇武的秦人從西方崛起

在七雄爭霸的戰場上，來自西北荒蠻之地的民族 —— 秦人異軍突起，憑着特有的崇尚勇武精神和戰無不勝的軍隊，經過數百年的奮戰，終於兼併東方六強，完成了統一天下的輝煌霸業。

商周之際，秦人還是馴養鳥獸的弱小民族，受到西北地理環境的限制，無法擴張勢力，生產技術遠遠落後於東方強國，是最晚被東周平王分封的諸侯國。但是秦人不甘心屈居在西北做牧馬人，讓子孫後代到文明發達的黃河之濱飲馬，成為世代秦王的夢想。秦國先後有三十三世秦王，他們雄心勃勃，前仆後繼，逐步向東方作戰略性大舉遷徙，決心佔據周王朝腹畿 —— 八百里秦川。為了實現稱霸東方的信念，秦人奮勇征戰，經過九次具有重大戰略意義的舉國遷都，從西戎遷到西周王室的故地。最終定都在最適宜稱霸爭戰的理想據點 —— 咸陽。在與農業發達的東方六國抗衡

▲ 鹿紋瓦當

秦人早在夏朝就以馴養鳥獸著名，加上原居於蠻荒之地，與大自然特別親近。秦國的建築構件"瓦當"，多以動物紋作裝飾，就反映了秦人與動物的天然親和，他們曾經共在藍天草原之間生活。

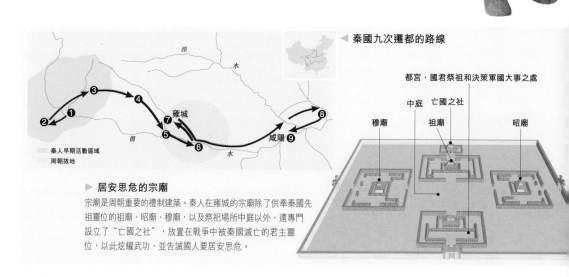

◀ 秦國九次遷都的路線

秦人早期活動區域
周朝故地

雍城
咸陽

都宮，國君祭祖和決策軍國大事之處

中庭　亡國之社

穆廟　祖廟　昭廟

▶ 居安思危的宗廟

宗廟是周朝重要的禮制建築。秦人在雍城的宗廟除了供奉秦國先祖靈位的祖廟、昭廟、穆廟，以及祭祀場所中庭以外，還專門設立了"亡國之社"，放置在戰爭中被秦國滅亡的君主靈位，以此炫耀武功，並告誡國人要居安思危。

中，秦人所特有的不循禮儀、開拓進取的精神和極度擴張的野心，都與農耕民族宣揚的人文精神相悖，也是崇尚禮儀的民族無力抗拒的。

秦國每次遷都，都開拓一片領土，建立一處軍事據點，勢力不斷向東擴張。並積極汲取中原先進的技術和文化，很快由落後的遊牧經濟過渡到發達的農耕經濟。秦國還推行以法治國，以軍事中央集權制和地方郡縣制取代了周朝的血親政治，是七國中變法最徹底的國家。從此國土由小到大，國力由弱而強，成為戰國時代的頭號軍事大國，奠定了兼併天下的基礎。

獸面形金泡

鴨形金方策

金節約

▲ 秦人的馬具
在秦人的墓葬中，由帝王以至平民，都喜歡殉葬馬匹或馬具。這幾件隨葬馬匹佩戴的金質裝飾，在秦國王室大墓中出土，是秦人養馬、愛馬傳統的寫照。

◀ 騎馬俑
秦人以牧馬著稱，馬為秦朝帶來輝煌的時代。秦國制訂法律保護養馬業，戰馬在統一六國的戰爭中，發揮了巨大的威力。這是發現最早的秦人騎馬形象，馬的形體渾圓健壯，腿短粗，屬於黃河流域的河套馬種，騎兵身穿胡服，是西北遊牧民族流行的適合騎馬作戰的輕便服裝。當時還未發明馬鞍和馬鐙，騎兵在騎馬時沒有支撐點，這是早期騎兵的特徵。

◀ 雍城宮殿的鋪首
在秦人整個東遷過程中，雍城具有非常重要的意義。秦人在雍城建都的近三百年間，正是秦國的國力處於由弱而強的上升時期，為了顯示秦的強大國力，王室宮殿的規模比各諸侯國，甚至周天子更加輝煌。這是鑲嵌在雍城宮殿大門上的鋪首，以金和玉製成，與草創時期簡陋的的建築構件完全不同。

▶ 犀牛尊局部
進入中原的秦國君主得意地標榜自己以禮樂詩書為施政立國的根本，實際上秦國缺乏宗法觀念，不循禮儀，漠視神權。只有王室和高級貴族才有少量的禮器，遠比東方六國遜色。而秦國的藝術品，卻完全脫離了禮器的本意，洋溢着清新自然的風格。這是宮廷專用的酒器，以寫實的手法作犀牛形，在青銅器中罕見。

中國歷史朝代紀年表 （舊石器時代至清朝）

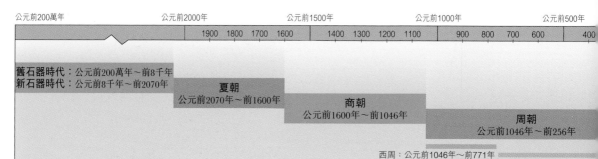

公元前200萬年　　　　　公元前2000年　　　　　公元前1500年　　　　　公元前1000年　　　　　公元前500年

1900　1800　1700　1600　　1400　1300　1200　1100　　900　800　700　600　　400

舊石器時代：公元前200萬年～前8千年
新石器時代：公元前8千年～前2070年

夏朝
公元前2070年～前1600年

商朝
公元前1600年～前1046年

周朝
公元前1046年～前256年

西周：公元前1046年～前771年

東周：公元前770年～前

春秋時期：公元前770年～前476年

戰國時期：公元前475年～

秦朝：公元前221年～前

註： "＊" 標示的朝代，是由北方民族建立的政權。

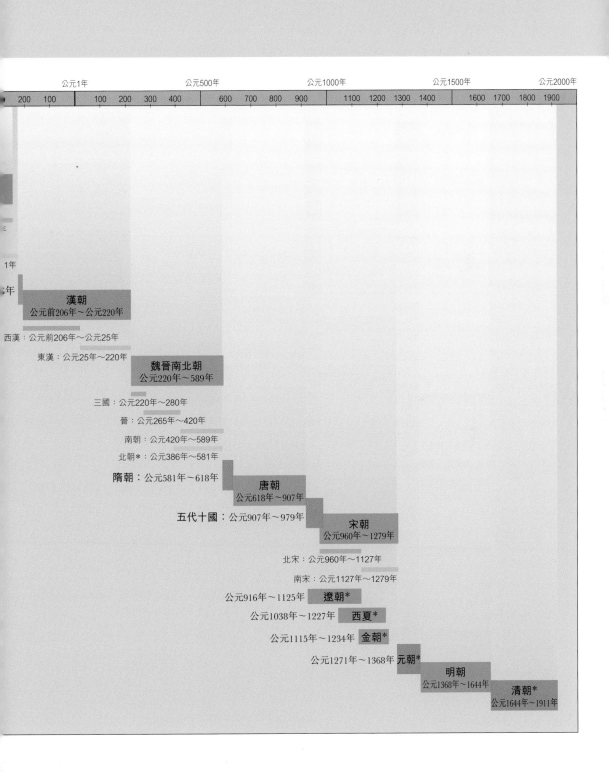

公元1年　　　　　　　公元500年　　　　　　公元1000年　　　　　　公元1500年　　　　　　公元2000年

| 200 | 100 | | 100 | 200 | 300 | 400 | | 600 | 700 | 800 | 900 | | 1100 | 1200 | 1300 | 1400 | | 1600 | 1700 | 1800 | 1900 |

漢朝
公元前206年～公元220年

西漢：公元前206年～公元25年

東漢：公元25年～220年

魏晉南北朝
公元220年～589年

三國：公元220年～280年

晉：公元265年～420年

南朝：公元420年～589年

北朝＊：公元386年～581年

隋朝：公元581年～618年

唐朝
公元618年～907年

五代十國：公元907年～979年

宋朝
公元960年～1279年

北宋：公元960年～1127年

南宋：公元1127年～1279年

公元916年～1125年　**遼朝＊**

公元1038年～1227年　**西夏＊**

公元1115年～1234年　**金朝＊**

公元1271年～1368年　**元朝＊**

明朝
公元1368年～1644年

清朝＊
公元1644年～1911年

歷史知識庫

* 名詞按筆畫順序排列，數字是該詞在本書出現之頁碼

九州（33）

中國古代的地方疆界區劃，傳說由夏禹治水後劃分。州名未有一致說法，一作冀、兗、青、徐、揚、荊、豫、梁、雍九州。九州之說，最早見於《尚書》中的〈禹貢〉一章，書中說明了九州的範圍、各州的山川地理、交通物產等資料。後以"九州"泛指全中國。

刀耕火種（16）

耕作方式之一。原始時代，大部分土地皆是山林，人們在耕種前必須砍去土地上的林木，燒去野草，才能在耕地上播種，另一方面，經燃燒的草木灰可當作肥料以養土地。

九鼎（40, 48）

鼎原為炊器，西周時成為表示階級的禮器。九鼎並列，屬於最高規格的天子禮制，象徵國家社稷和周王的權力，諸侯不得妄用。

大河流域（16）

指有大河流經的區域，因有水源，人們聚居生活，成為文明的發源地。如黃河流域孕育了中國文明、兩河流域（底格里斯河及幼發拉底河）孕育了巴比倫文明，尼羅河流域孕育了古埃及文明，印度河流域則孕育了古印度文明。

小亞細亞地區（62）

位於亞洲西部的半島及附近地區，西及西南面瀕臨愛琴海和地中海，北面瀕臨黑海。面積約50萬平方公里，現今是土耳其的主要領土範圍。

小農經濟（15）

以一家一戶為生產單位，生產力較低，是傳統中國農村的經濟模式。各生產單位互相補給，令農村內部維持自給自足。

中央集權制（59, 60, 75）

秦始皇建國後全面推行的制度，以官僚取代貴族處理政務。官員全由皇帝任免，權力集中在皇帝身上，並加強中央對地方的控制。這種統治制度後世一直沿用。

水作農業（17）

在潮濕地區種植適宜在潮濕氣候生長的農作物，如水稻。中國的長江流域屬於水作農業區。

氏族（10, 14, 15, 20~25, 32, 33）

原始社會的部落單位，以血緣關係聯繫。氏族內各人共同擁有生產資源，共同生產，成果亦共同享用。同一氏族的人不許結婚，不同的氏族之間才可通婚。

天圓地方（25）

古代中國人相信天是圓的，大地是方的。"圓"象徵永恆不滅、迴環運轉的天道，"方"代表世道井然、人事諧和的大地。這種宇宙觀，統合了宇宙萬象的規律以及人間萬物的秩序。中國一些重要的祭天建築，如北京的天壇就是模仿這種空間而佈局。

火種罐（9）

新石器時代的工具，用來保存火種，方便隨身攜帶及使用。使用方法是以朽木或菌類燃燒，然後把火陰熄放置在陶罐內儲存。這種方法比臨時取火要來得方便。

王畿（38, 44, 47）

古代王城四周的地方。如西周時期，王畿以首都鎬京為中心，向四周延伸各四百里的範圍。

四土（44）

亦稱"外服"。商朝時，將管治地方分為"內服"（王畿地區）與"外服"（王畿以外），"外服"地區大多是被商王征服的方國與部落。他們不僅要臣服於商王，還要納貢，負擔勞役及奉命征伐。

右衽 （45）

衣襟向右的服裝式樣。中國傳統上有崇右的思想，右尊左卑，所以中原漢族的衣服都是衣襟向右，而其他少數民族服裝則衣襟向左。

印度雅利安 （42）

雅利安人 (Aryans) 本為遊牧民族，公元前1400年前從中亞細亞入侵古印度，成為古印度的主要居民，並聚居於印度河上游，主要靠畜牧業為生；公元前6世紀由部落開始過渡至形成國家。

世襲制 （30，34）

承襲制度的一種，指人的社會身分和階級是世代相傳繼承，尤其指皇位或爵位。多由父親傳位給兒子，也有由兄長傳給弟弟。

地方郡縣制 （75）

秦朝統一天下後全面推行的地方制度，將全國分為三十六郡 (後增至四十一郡)，郡下設縣，縣下又有各級地方單位。郡、縣的長官由中央任免。此後二千年各朝大致沿用。

共主 （33，38，44，54）

古時部落領袖，有時由幾個部落共同推舉，如原始時代的黃帝、蚩尤等。

成周洛邑 （48）

周朝的東都。周成王為了鞏固對東面殷商故土的統治，下令周公興建。在西周時期稱"成周"，東周遷都於此。位置約在今天河南洛陽縣洛水北面。

冰河期 （8）

全球氣溫急降，冰川作用蔓延至一般無冰區的時期。地球歷史上共出現過幾十次冰河期。

百家爭鳴 （66）

春秋戰國時期，各家學說蓬勃發展，出現互相爭辯的風氣。當時著名的學派有儒、墨、道、法、名、陰陽、縱橫、農、雜家等等。各家著書立說，周遊列國游說君主採納，形成"百家爭鳴"的局面。這種局面對當時思想、文化、學術發展有很大的推動作用。

旱作農業 （17，20，26）

在乾旱地區種植抗旱性強的農作物，如粟和黍等。中國的黃河流域和遼河流域屬於旱作農業區。

吳起 （61）

約公元前440年～前381年

戰國時期的政治家、軍事家。他有治國的才能，而且善於用兵，曾先後在魯國、魏國、楚國擔任官職。他寫的《吳子兵法》六篇 (圖國、料敵、治兵、論將、應變、勵士)，與孫武寫的《孫子兵法》，合稱"孫吳兵法"。

更新世 （8）

劃分地質年代的專有名詞，距今四百萬年前之時期 (一說距今一百六十多萬年前)，科學家推斷人類大概在更新世時期出現。

法老政權 （32）

法老 (pharaoh)，是今人對古埃及國王的通稱。法老政權則指法老統治下的政體，法老是最高統治者，掌握全國的軍政、司法、宗教大權。他的意志就是法律。法老自稱是太陽神之子，臣民將他視為神來崇拜。

宗廟 （37，41，46，55，74）

古代帝王、諸侯祭祀祖宗的廟宇，有聯絡宗親的作用。

歷史知識庫

金屬時代（50）

石器時代結束後的新時代。約在公元前4000年，人類開始利用黃金和銀兩種低硬度的金屬製作飾物。其後，銅、鐵等高硬度金屬相繼被人類發現及利用，令金屬應用的範圍更廣泛，大大改善了人類的生活。

法家（66, 67）

春秋戰國時期出現的思想流派，以管仲、商鞅、申不害、韓非等為代表。他們反對儒家的禮治，主張以法治國。戰國後期的韓非綜合了前代法家提出的"法"（法令）、"術"（駕馭臣下的方法）、"勢"（權勢）的要旨，使法家的理論更趨完善。

明堂（39）

古代帝王宣明政教的地方。凡朝會、祭祀、慶賞、進士、教學等大典都在此舉行。

城市國家（32）

又稱城邦，由城市及其周圍的農村構成，城內多由貴族統治。約在公元前3500年～前3100年，美索不達米亞蘇美爾地區形成城市國家，至公元前2900年開始進入全盛時期，城市建築以神廟為中心，有王宮和城牆。

封邑（39）

在封建制度下，帝王賜給諸侯、功臣的領地。各諸侯也可在自己的封邑內分封卿、大夫等。

美索不達米亞（32）

"美索不達米亞"（Mesopotamia），在希臘語的意思為"兩河之間的土地"。"兩河"指今日伊拉克一帶的底格里斯河和幼發拉底河。美索不達米亞地區，是古代人類文明的重要發源地之一，四大文明古國中的古巴比倫帝國就是發源於此。

耶穌（67）

公元1年（一說是公元前4年）～33年

基督教的始創者。在伯利恆城（位於今巴勒斯坦）出生。當時，猶太人被羅馬人統治，耶穌以"救世主"的身分在他們當中傳道和治病，吸引眾人成為他的信徒，卻引起祭司和當權者的嫉妒，結果被釘死於十字架上。相傳他在死後的第三天復活，後世遂以復活節紀念他。

重簷式屋頂（34）

建築物有兩層屋簷，由周朝人所創，大多為貴族或帝王的居所，是上古時期的高級建築規格。

《孫子兵法》（61）

中國歷史上最早的一部軍事學論著，由戰國時齊人孫武所著，共十三篇，總結了春秋以前中國古代戰爭經驗的理論，不僅包含武將的智慧謀略，還帶有濃厚的哲學思想。此書在世界各地受到軍事學者的推崇，堪稱兵學經典。

孫武（61）

約公元前535年～前？年

戰國時期的軍事家。他是齊國人（今山東），年青時見齊國政治黑暗，有感壯志難伸，於是走到當時新興的吳國。他在伍子胥的推薦下，受吳王闔閭賞識，成為吳國的將軍。孫武寫的《孫子兵法》，是軍事學上的經典。

孫臏（61）

生卒年不詳

戰國時期的軍事家，是孫武的後代。年青時與龐涓一同學習兵法，後來龐涓成為魏國將軍，因嫉妒孫臏的才能而使其斷去雙足。但孫臏依然成為一位出色的軍事家，並有《孫臏兵法》傳世。

婦好（49）

生卒年不詳

商王武丁的三位皇后之一，也是中國第一位女性大將軍。她深得武丁寵信，不僅主持國家的祭祀，又帶兵征戰四方，是支撐當時軍政大局的重要人物。

拼音文字（52）

用符號(字母)來表示語音的文字。現代世界語言中，拼音文字佔多數，如英文、俄文、法文等。這種文字不同於以漢字為代表的表意文字，無法一字兼具辨別形、音、義的多重功能。

商鞅（59）

約公元前390年～前338年

戰國時代的秦國政治家，深得志在逐鹿中原的秦孝公賞識。由商鞅提出的一系列新法，令秦國富強，並為日後統一六國打下基礎。新法的重要內容包括統一度量衡，以法律管治國家，按軍功頒授爵位，在地方推行縣制等。

進（39）

建築學上的詞語。中國舊式的建築物，分為前後間隔，每個間隔就是一“進”。禮制規定只有屬於天子的建築才可有九進。

黃土高原（16, 38）

位於中國西北部，面積58萬平方公里，海拔1000～2000米。黃土混合了砂粒、黏土和方解石，是肥沃的土壤。在雨水和流水的長期沖刷下，黃土高原地表形成了溝壑縱橫的景觀。

畫像磚（66）

秦漢時代的一種建築裝飾構件，多用於裝飾宮殿、墓室等。磚上刻有形形色色的圖像，部分反映了當時人民的生活。

雅樂（42）

古代帝王祭祀天地、祖先及朝賀、宴享時所用的舞樂。 周朝用作為宗廟之樂的六舞，儒家認為其音樂“中正和平”，歌詞“典雅純正”，奉之為雅樂的典範。歷代帝王都循例製作雅樂，以歌頌本朝功德。這種王室貴族的禮樂，與民間娛樂的音樂(俗樂)相對。

貴霜帝國（70）

公元1～6世紀統治中亞地區及印度北部。由於地處中西交通要道，貴霜成為中國與羅馬商品貿易的中轉站，也輸出棉織品、胡椒和寶石等；東西方文化和宗教也在此交流融合。公元3世紀中晚期，隨着印度笈多王朝興起，貴霜帝國逐漸沒落。

道家（67）

春秋戰國時期出現的思想流派，以老子、莊子為代表。道家反對鬼神之說，認為道是天地萬物的根源，道可以說明宇宙萬物的本質、構成和變化，反對追求知識，主張無為、崇尚自然。

《詩經》（72）

中國最早的詩歌總集，收錄了西周初年至春秋中期五百多年間的詩歌，大部分來自民間，反映生活、情愛，也有部分是宗教詩和貴族王室的宴獵詩。現存作品三百零五首，故有“詩三百”之稱。

敬德保民（46）

周初統治者的政治倫理觀念，認為作為帝王者只有敬重德行，才能獲得天命，永遠保有人民和疆土。

嫡親（23）

血統中最接近的親屬。嫡親是傳統中國社會上一種重要觀念，以此來決定氏族中財產、領導地位等的繼承，其中以嫡長為最親。

歷史知識庫

精耕細作 (63)
指投入大量勞力、資源以提高農地單位面積的生產力，例如深翻土壤改善土質。這種農業生產方式常見於地少人多的地區，如中國東南一帶和日本等地。

銘文 (39, 53, 57, 60, 72)
刻在器物或碑碣等上面的文字，多記載官方大事。從不同朝代器物上的銘文，也可以看到不同的書體樣式和演進。

漆器 (65)
指表面塗上了漆的器具，木製品在塗漆後不僅看起來色澤明亮，也起到防腐和保護作用，既實用又美觀。漆膜是從漆樹、桐樹提煉而成，早在商周時期，中國人已懂得製漆，春秋戰國的漆器因華麗輕便，取代了周朝以來青銅禮器的地位，而且產量和質量發展迅速，更普及製造成各式日常用器。

養士之風 (58)
養士是指收羅、供養賢才，是國君或卿相儲備人才、培植勢力的方法，在春秋戰國爭霸時期大為盛行，戰國四公子養士甚至多達千人。養士為國事出謀獻策，甚至願意為厚待他們的主人犧牲性命。

歐洲封建制度 (feudal system) (38, 46)
歐洲中古時期 (約公元900年～1300年) 的政治制度。當時歐洲各國的國王無力管治整個國家，於是將土地及農民分封給貴族和教會，容許受封者在封地內享有管治權，也可將土地再分封給下屬去換取服務。但受封者有義務繳納貢稅和向國王效忠。

歐洲城堡體系 (46)
城堡在歐洲中古封建時期大量出現。當時的貴族獲得國王封地後，興建城堡以保護其領地。城堡是貴族的住所，通常座落於高山上或懸崖邊，以大石頭建成，外圍有高大城牆和護城河，便於防守。

鋤耕 (16)
耕作技術之一，比刀耕火種進步。主要以農具輔助耕作，先用石製、木製農具鋤鬆泥土，撒種後定時澆水，有利農作物生長，增加收成。

墨家 (67)
春秋戰國時期出現的思想流派，以墨翟為始創人。主張人與人平等相愛、反對侵略戰爭、任用賢能、節葬節用等。

儒家 (66, 67)
春秋戰國時期出現的思想流派，以孔子、孟子為代表人物。儒家凡事要依照禮法辦事，講"仁義"，提倡"忠恕"、"中庸"之道，重視道德倫常關係。西漢以後，儒家被尊為中國正統的學術思想流派，為歷代君臣所推崇。

禮器 (22, 25, 40, 42~46, 48, 50, 51, 53~55, 57, 65, 71~73, 75)
通常在祭祀或諸侯間舉行大型禮儀活動時使用，也用於墓葬。商周時期，用於祭祀和宴飲的青銅炊器、食具和酒器，根據不同的身分等級而制定出使用的器具組合和數目，體現出禮制的意義，稱為青銅禮器。

鍛造技術 (62)
製造金屬器具的技術之一。指用錘擊等方法，改變金屬在可塑狀態下的形態，鑄造難度較大。

關中地區 (36)
古地域名，所指範圍不一。或指河南函谷關以西，是戰國末年秦的故地，有時包括秦嶺以南的漢中、巴蜀，有時兼指陝北、隴西。今指陝西渭河流域一帶。

騎士精神 （49）

在歐洲中古時期封建制度下，國王將土地封給騎士以換取他們的保護，形成騎士階層。騎士表現出追求榮耀、篤信宗教、保護孤弱、忠於君王等行為和信念，稱為"騎士精神"。

鎬京 （38, 48, 54）

西周國都，周武王稱之為"宗周"，是周王朝最大的政治、文化和經濟中心。位置約在今天西安市斗門鎮。

蘇美爾 (32)

公元前4300年起，居住在美索不達米亞南部地區的蘇美爾人 (Sumerian)，利用兩河河水開闢人工的農業灌溉網，建立以神廟為中心的城市國家。約公元前2900年蘇美爾文明進入全盛期，城市國家林立，每個國家居民由二、三萬至十多萬。

釋迦牟尼 （31, 67）

公元前563年～前483年

佛教的始創者，得道前是古印度王國的王子，少年時四出遊歷，眼見百姓所受的苦難，遂決定潛心修行，思考解脫人生苦難的方法。到他三十五歲的時候，在一棵菩提樹下得道，此後四出弘揚佛法。後世尊稱他為"佛陀"。

鑄造技術 （62）

製造金屬器具的技術之一。指把金屬加熱熔化後倒入模子裡，待冷卻便成為所需器具或配件，與鍛造技術相比，較容易取得理想效果。

詞條索引

圖片索引

圖片提供：

商務印書館（香港）有限公司及其出版之
《中國地域文化大系》之《東北文化》、《吳越文化》、《河隴文化》、
《草原文化》、《楚文化》、《齊魯文化》等

本書是《圖說中國的文明》分卷本，此次出版新增了部分內容

圖說中國的文明·上

文明的奠基（原始時代至春秋戰國）

出　版　人：陳萬雄

顧　　　問：李學勤　葛兆光

編　　　著：劉　煒　張倩儀

責任編輯：蘇　榮　李德儀

封面設計：Foremedia Design & Production

版式設計：陳穎欣

出　　　版：商務印書館（香港）有限公司
　　　　　　香港筲箕灣耀興道 3 號東滙廣場 8 樓
　　　　　　http://www.commercialpress.com.hk

印　　　刷：美雅印刷製本有限公司
　　　　　　九龍觀塘榮業街 6 號海濱工業大廈 4 樓 A

版　　　次：2003 年 7 月第 1 版第 1 次印刷
　　　　　　© 2003 商務印書館（香港）有限公司
　　　　　　ISBN 962 07 5443 3
　　　　　　Printed in Hong Kong